# 自由泳

潘惠玲 编著

吉林文史出版社

# 目录

## 第一章　自由泳基本知识



## 第二章　自由泳的注意事项



## 第三章　自由泳的练习技巧



## 第四章　自由泳练习动作

第一章

# 自由泳基本知识

## 自由泳的起源与发展

自由泳是水中比赛项目之一，它没有太多规则限制，自由泳不仅可以健身，还可以减肥，所以很多游泳运动员喜欢自由泳。这种游泳姿势设计结构较合理，速度均匀，阻力小，是最省力气的一种游泳方式。在进行比赛时运动员一般采用爬游技术，因为爬游速度比较快，而且没有繁多的规则。

根据目前记载，最早运用两臂轮换划水的是一名英国运动员。随后出现了与腿部相配合的上下打水的游泳动作。在 1900 年举行的奥运会上，一位匈牙利运动员采用两臂轮换的划水方式获得了金牌，在下一届奥运会上他又以同样的方式获得了金牌。后来有一位英国人创造出了用两腿轮换打水的游泳方式，为自由泳向前发展开辟了新道路。1922 年，一位美国运动员分别运用两臂轮换打水和两腿轮换打水的技术打破了世界纪录，成为能够最快突破 100 米的自由泳运动员。这位美国冠军的技术奠定了现代自由泳发展的基础。

在 20 世纪 30 年代，两臂向前交叉的游泳姿势在世界各国盛行，并且一直流传至 20 世纪 50 年代。伴随着民众运动兴致的逐步提高，随后出现了更先进的四次打腿游泳技术。这种技术首先在 1949 年被采用，一位日本运动员运用此技术进行自由泳，创造出了 1500 米项目的新世界纪录。游泳界人士对这种技巧的运用有两种观点，一方面认为采用这种技巧可以使游泳动作频率加快，但从另一方面来说，又怕采用这种用腿四次打水的技术最终影响成绩，所以以前这种技术并没有被广泛采用。在 1956 年，一位澳大利亚运动员再次运用此技术打破了 1500 米自由泳世界纪录，并且在同年的墨尔本奥运会上，一位美国运动员运用四次打腿的游泳技术创造了更快的自由泳世界纪录，从此这种技术引起了世界泳坛的关注。

随着游泳技术的快速发展，人们想要游快的欲望也越来越强烈，不再单单满足于四次打腿技术，在 1964 年日本东京奥运会上，一位澳大利亚运动员运用两次打腿技术获得了冠军，并且同时再次打破世界纪录。1968 年墨西哥奥运会上，也有运动员运用两次打腿技术获得奖牌。同时，进入 20 世纪 70 年代后，更多的运动员利用这种技术获得好成绩。从此，这项技术开始迅速发展起来，到目前为止，世界上越来越多的运动员选择采用此技术。

## 自由泳的技术特点

自由泳属于动作比较自由的游泳方式，它有以下特点：

1. 身体俯卧于水中，头和肩膀稍微高于水面，在进行自由泳时，整个身体绕着躯干进行小范围的左右滚动。

2. 两个手臂进行轮换拨水动作，促使身体向前方移动。

3. 手臂进入水中以后，一般的划水路线应该呈“S”形，同时要保持呼吸和划水动作相协调。

4. 当手臂用力进行划水动作时，可以利用水流在头部两侧进行波谷吸气。

自由泳的动作结构设计比较合理，不仅省力，还可以使游泳的

速度加快，超越了普通游泳方式。在自由泳动作中，腿部具有很大的作用，除了推动身体向前进，也可以保持身体平衡和协调稳定。在游泳时双腿应该处于自然并拢状态，脚稍微向身体内侧旋转，保持踝关节放松状态，同时以髋关节为轴心，用大腿促使小腿和脚掌进行游动，两个脚尖的摆动幅度约为 40 厘米，膝盖关节的弯曲度大约为 161 度，双臂划水可呈中交叉、前交叉和后交叉的姿势。

自由泳中的中长距离和短距离的基本原则是一样的，但是由于距离长短不同，导致比赛负荷大小不同，所以在技术上也有不同的特点。

中长距离自由泳具有的技术特点：

1. 手入水时要在与手同一侧的肩沿线上，并且要形成一个比较适合的入水角度。

2. 当手臂进入水中以后要迅速向下方划动并抓水，提高肘部，进行划水动作。

3. 此距离中用力划水的时间要比短距离中用力划水的时间偏后。

4. 在划水时要保持动作的连贯性并且注意节奏。

5. 要采用不同的打腿次数，快速向前方游。

6. 要掌握好两面呼吸的技术。

手臂技术的讲解：

1. 在入水方面，在进行中长距离自由泳时，手臂放在肩膀的沿线上，其入水点一般情况下比短距离自由泳稍近，同时在入水时强调要形成适当的入水角度，这主要是为了减小入水时的阻力。

2. 中长距离自由泳手臂入水以后，要迅速向下方划，但是不需要迅速向前方伸臂，因为那样很容易增大阻力。入水之后手臂很快划下，然后弯曲腕部，并顺势抓水，同时划水路线要呈“S”形，这样可以减小阻力和减少力量的运用。

小贴士

1. 在进行自由泳练习时，保持前半部分肘部屈高划水是非常重要的，这个动作的练习一定不能马虎，因为这个技术的运用是评价一个人划水技术的重要标志。在推水部分，中长距离没有短距离推水远，手臂出水以及移臂技术和短距离的自由泳基本一样。

2. 在两个手臂进行配合的时候，中长距离自由泳没有过多强调手臂进入水中后迅速向前方伸，所以从这点来说，中长距离自由泳没有短距离自由泳手臂滚动距离大。

3. 中长距离自由泳两个手臂交替划水的连贯性较明显，所以其频率与短距离自由泳相比较慢。

腿部技术讲解：

一般情况下，在中长距离自由泳中，很多人会采用纯粹的二次打水、四次打水，或者是运用并不规则的打水方式。这种打水方式下打水所需用的力量要比短距离所需用的力量小很多，动作的幅度也比较小。这主要是因为当自由泳比赛的距离较长时，如果我们用力打腿只会使心脏负担加重，身体会很快产生疲劳感，容易使游泳

时间缩短。

纯粹的二次打水是在一个动作周期之内，两只手各划水一次，同时左腿和右腿也进行上下打腿各一次。当左臂进入水中时，右侧的腿进行向下打腿动作；当右臂进入水中时，左侧的腿进行打腿动作，这样就很容易使身体在水中保持平衡。纯粹的四次打腿要比纯粹的二次打腿动作速度快大约一倍。也就是二次手、四次腿。还有一种打水方式是交叉打水，交叉打水是指在一个自由泳动作周期内，左腿和右腿各打腿一次，同时还要有一个两腿稍微横向进行交叉的动作。

自由泳呼吸的技术讲解：

自由泳的中长距离和短距离呼吸技术基本相同，不同的只是距离的长短。

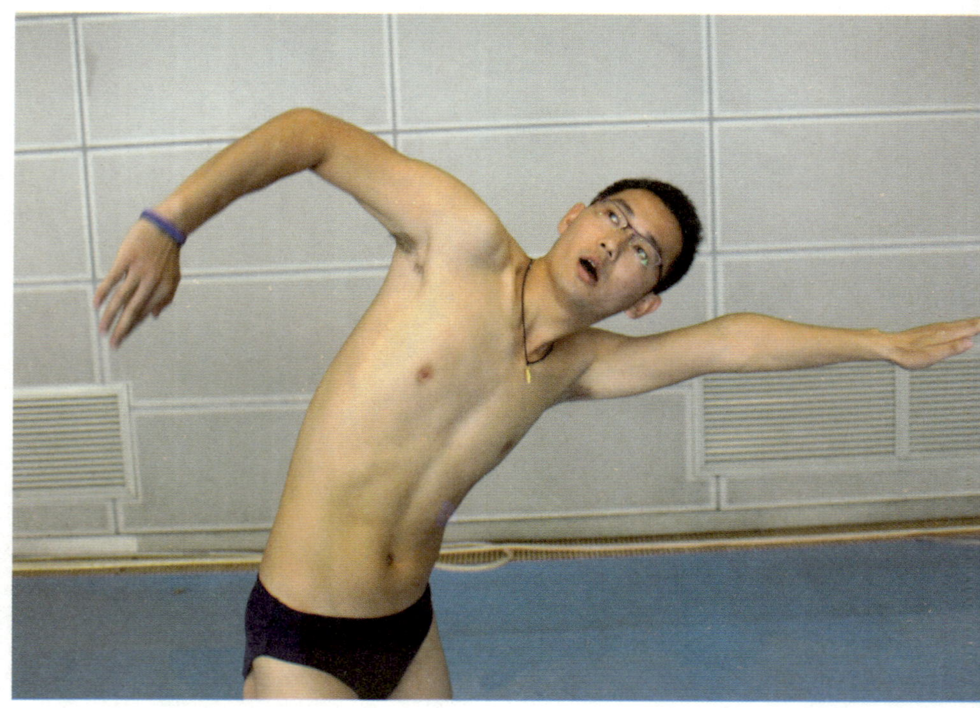

1. 长距离自由泳中，因为距离较长，所以转头要大，在吸气时要保证能吸入足够的氧气。

2. 在中长距离自由泳时需要运用两侧呼吸技术，这样有利于保持身体平衡，有利于身体稳定。

中长距离自由泳配合技术讲解：

中长距离自由泳中的配合一般采用的是 2∶4 或者是 2∶2。两臂在划水时作用要突出，同时两条腿要积极与手臂划动进行配合，并协同发力，保持身体平衡。

技术特点：游泳时划水的动作要有积极性，并注意实效性，两个手臂在相互配合时要有一定的连贯性。划水频率要缩短，控制好身体平衡，保持速度均匀。

在中长距离自由泳的比赛中，一些运动员为了能够在更短的时

间内游更长的距离，途中每一次转身时或者在比赛结束时会出现加速打水的现象，也就是使用六次打腿和二次打腿相结合的方法。采用这种方法不仅可以游得更快，还可以在某一时间内节省一定的体力。我们在观看自由泳比赛时常常看到一些运动员在离终点 50 米时突然进行加速，就像是在跑 50 米比赛，最终反败为胜。这主要是因为他们采用了一定的组合技术，运用组合加速的方式取得了胜利。所以我们要学习一些组合技术，在进行比赛时可以节省一部分力气，取得胜利也更容易。

## 自由泳的场地和装备选择

### ❖ 比赛场地

国际上标准的自由泳比赛场地具有明确的规定，标准的游泳池

长度是 50 米，宽度不低于 25 米，深度不低于 2 米。游泳池一般设立 8 条游泳道，每一条游泳道宽度是 2.5 米，第一条游泳道和第八条游泳道外侧的规定比赛线距离池壁 2.5 米。

### ❖ 计时装置

在自由泳的比赛中，一般运用自动计时系统为每一个运动员记录成绩,并确定运动员的名次。比赛自动的计时系统主要包括计时器、触板、发令装置三个部分。在比较重要的大型比赛中，自动计时系统也应该包括运动员到达终点的一部分录像和较大型的电子显示屏。这样可以更清楚地确定运动员的名次以及更明确运动员在终点冲刺中是否犯规。

1. 发令装置器包括两部分，一是电笛，二是话筒。发令装置和运动员出发点附近出发台中的扬声器相互连接，这样可以保证每一位运动员都可以在同一个时间听见发令员的信息和出发的信号。

2. 触板的装置和尺寸应该宽度在 2.4 米以上，高度为 0.9 米左右，厚度在 0.01～0.02 米之间。触板的位置在游泳道两端中心，并进行固定，这样使得运动员在到达终点或者是转身时接触到触板即可记录分段和最终的比赛成绩。

3. 计时器安装的位置应该是在离游泳池 5 米左右的控制室内，控制室内安装有计时器，其面积大约长 6 米，宽 3 米。在进行比赛的时候，可以通过控制室看见游泳池的情况，并且控制室到游泳池之间不能有任何阻碍。

4. 游泳比赛中各项装备齐全完整，计时器精确度要到 0.01 秒。除了能够处理和记录运动员的成绩以外，也可以对运动员的游泳趟次进行记录，同时还可以在进行接力比赛时确定运动员是否在交接

水深1.4米
严禁跳水、潜泳、横游、蝶泳、仰泳；严禁带手蹼、脚蹼入池；严禁攀爬水道线。

接力棒时违反规定。

5. 大型的电子显示屏可以对运动员在比赛时的比赛成绩进行公示，同时也可以对运动员进行名次排比，显示运动员的信息，等等。国家规定电子显示屏最少应该可以显示 10 行字，每一行的字符应该是 32 个，每一个字符位置不仅能够显示数字，还能够显示字母。

6. 在大型的运动会或者是锦标赛中，终点的录像系统将作为计时系统对每一位运动员记录成绩。在其他的比赛中，如果没有终点计时器，就需要运用其他的半自动计时系统来记录运动员的运动成绩。半自动的计时器需要在每一条游泳道上有 3 名裁判员，他们可以进行独立的系统操作，并且与计时器相连，当运动员到达终点时，裁判员可以迅速按下按钮来记录运动员的成绩。

7. 分道线的长度应该与赛道的长度一致，并可以固定在游泳道凹在两端池壁的挂钩上面。同时挂钩的位置要使分道线的浮标能够自然浮在水面。分道线的浮标是圆形的，直径为 0.05～0.15 米。

8. 出发台应该建立在游泳池中游泳道的中心位置，出发台的前缘应该比水面高 0.5～0.75 米。其表面面积为 0.25 平方米，并在上面覆盖一层可以防滑的材料，倾斜角度不能大于 10 度。应该保证当运动员采用前倾式出发时，可以抓住平台。如果场地安装的出发台厚度大于 0.04 米，则最好应该在两侧的位置建立大于 0.1 米宽，并且前端又大于 0.4 米宽，能够深入台体 0.03 米的手柄，可以使运动员自然握住。前倾式出发的把手最好安装在两侧位置。仰泳运动员出发时把手应该安装在水面上方，在 0.3～0.6 米处，可以与水面成垂直角度安装，也可以与水面成水平角度安装，要和游泳池的池壁平行，不能突出池壁。

自由泳的实用性很强，在大型比赛中占有很重要的位置，奥运

会中自由泳比赛的项目有男子 50 米、100 米、200 米、400 米、1500 米、4×100 米接力、4×200 米接力 7 项，女子有 50 米、100 米、200 米、400 米、800 米、4×100 米接力、4×200 米接力 7 项。

8 岁以下的儿童进行自由泳比赛会有 25 米的自由泳比赛。25 米的距离一般适合坚持能力弱的少年运动员选手。

混合游泳项目中包含自由泳的有 100 米个人混合泳、200 米个人混合泳、400 米个人混合泳和 4×100 米混合泳接力。

在国际上举办的 800 米游泳比赛只有女子可以参加，1500 米游泳比赛中只有男子可以参加。但是，国际游泳联合会会记录其他的男子 800 米比赛和女子 1500 米比赛。

在全部的游泳比赛中，自由泳项目占了一大部分，在混合泳和混合接力游泳中也包括自由泳，所以自由泳一直被作为衡量一个国家游泳水平的标志。

## 自由泳的运动价值

### ❖ 自由泳的健身价值

自由泳是一种健身运动，不仅可以加速人体内的血液循环，还可以增强肺活量，促进身体内部新陈代谢。

身体中能量的消耗与游泳的姿势、速度以及体温都有很大的关系。当水的温度越低时，散发出来的热量就越多，消耗人体的能量也就越大。例如，当我们在 12 摄氏度的水中 4 分钟所发出的热量与我们在地面上 1 小时所发出的热量相等，同时当我们的游泳姿势不同时，身体所消耗的热量也会不同。游泳时所消耗的热量比我们用同样速度走路所消耗的热量大很多。游泳时由于水有浮力作用，我们的身体基本处于水平状态，利用腿部不断打水促使身体前进，这样可以很容易消耗臀部、大腿、腹部等多余的脂肪，有利于减肥。

医学研究认为，我们人体的四肢百骸、五脏六腑、筋脉皮骨等都是一个具有密切联系和协调统一的整体。对于经常游泳的人来说，其四肢经常在水中运动，会受到压力和阻力的影响，对心肌和心脏有很好的锻炼，同时对身体的心血管系统、呼吸系统、中枢神经系统、内分泌系统等都会起到相当好的作用。

1. 有利于改善人体心血管机能

自由泳对人的心血管机能的改善具有很重要的作用，身体受到冷水的刺激可以促进新陈代谢和血液循环。另外，在进行自由泳时，水的阻力和压力对人的心脏具有一种特殊功能，人在水面时身体的

压力会增大，当进行游泳时身体压力会越来越大。游泳的速度和压力也有关系，这样就能使心室和心房的肌肉得到加强，可以减少心脏的活动，使循环系统得到相应的改善，促使血压值更适合人体运行，形成更加有利于人生活的循环，促使血压的弹性增加。

2. 有利于改善人体呼吸系统机能

在练习自由泳时，人体的血液循环系统和新陈代谢得到改善，这些改善离不开氧气的大量供给，但是由于水对人体的腹部和胸腔进行压迫，这就给吸气造成了一定的困难。据调查，人在进行自由泳时胸廓需要承受12～15千克的压力，所以我们要想使自己的身体获得足够的氧气，呼吸肌就一定要把这种压力克服。另外，我们在进行自由泳时，呼吸都是在水下的，我们知道水的密度高于空气的密度，并且高出很多，所以从这点来看，我们要想在水下呼吸就必须用足够多的力气，所以在自由泳时不管我们呼气还是吸气都会给呼吸肌增加收缩力，使呼吸系统的作用增强，加大了人体的肺活量。

3. 有利于改善人体皮肤状况

在进行自由泳时，由于受到水温的刺激，人体的皮肤血管会进行自动的调节，冷水使其收缩，这样就可以防止人体的热量向外部扩散，这时人的身体又在尽快产生热量，促使人体的皮肤血管进行扩张，可以改善血管的供血功能，长期保持这种状况可以促进血液循环。同时水作为一种柔软的液体，可以使皮肤得到一定的休息和放松，使皮肤更光洁柔软。

自由泳可以磨炼一个人的意志，也可以陶冶情操，是一种很好的健身运动。做任何事都应该有持之以恒的心态，游泳也一样，只有持之以恒才可以达到很好的健身目的。在我们平常的生活中当遇

到烦心事时，去泳池游一次泳，可以消除内心的烦恼，享受水带给我们的快乐，把所有的烦恼都忘掉，出水之后会情绪高涨，心情变好。

4．可以预防前列腺癌

根据研究调查表明，人体进行适度的锻炼可以保持体内内分泌的稳定，有助于增强人体免疫力，降低前列腺疾病的发病率。

据有关报道可知，男性如果保持每天游泳半小时，会降低前列腺癌的患病概率。对于一些从事体操或者自行车运动的男性，其前列腺癌的患病概率比每天游泳半小时的男性高大约30%。进行剧烈的运动可以使前列腺出现水肿和充血的现象，所以人体的运动量和运动强度都需要合理安排，保持适度，最好是每天游泳半小时，也可以每天坚持其他的运动半小时。

运动强度是否适中，主要看自身的承受力，要根据自身的年龄和习惯进行调节，在运动时不可以太剧烈，最好不要做竞技类的运动，例如快跑、骑自行车，等等。最好每天游泳30分钟，因为游泳可以提高人体免疫力和抗病力，促进体内血液和淋巴的循环，还可以使男性前列腺液更加旺盛地分泌，预防前列腺炎症。游泳还可以促使前列腺更好地对药物进行吸收，提高药物的功能。同时也可以改善人体心肺功能。

## ❖ 自由泳练习注意事项

1. 摆正姿势，增强锻炼的效果

在游泳时，每一个人都有不同的目的，当我们只是为了乘凉的时候，我们可以随便在泳池里做任何动作进行游泳，这时动作是不

是规范就没有太大的要求。但是，当我们经常游泳，并且把游泳当成一种健身运动，希望达到一定的健身效果，那么这时对动作的规范性要求就很重要。

进行自由泳练习可以提高人的肌肉力量和心肺的功能，如果在游泳的过程中注意动作的规范和身体姿势的摆正，时间久了，我们的身体素质会很快得到提升。但是如果我们的动作不规范、姿势不对的话，再长时间的练习也不会有利于健身，肌肉的力量也得不到锻炼。例如，我们在进行自由泳时靠的主要是腿部的力量，它对游泳快慢起着很重要的作用，但是就目前的情况来看，很多人在游泳时往往只注重胳膊的动作而忘记了腿部的动作。这样的话，游泳不仅费力，还把腿部当成了累赘。

2．规范动作，快速自由泳

用错误的动作游泳，速度会很慢，导致成绩较差。规范的游泳动作是由长时间游泳的人士通过经验总结出来的。一般情况下，当我们按照规范的动作去游泳时，可以节省很多力量，并且游泳的速度会很快，可以顺利克服不利因素的影响。例如，在自由泳中换气是一个非常重要的步骤，但是有些人不学习换气动作技巧，在进行游泳时头部一直在水面，导致背部和颈部的肌肉处于紧张状态，这样就白白浪费了体力。而且头部埋进水里，会导致在前进中身体受到很大的阻力，影响前进的动力。所以，就此来看，当我们动作规范时，假如一分钟能够游 100 米，那么当我们动作不规范时就只能够游 25 米。也就是说，动作不规范时游泳者会做很多的无用功，不仅浪费时间，还影响心情。

3．纠正时要有耐心

任何运动中形成习惯动作都需要一个过程。在我们刚开始进行错误动作的改进时，可能会觉得别扭，很不适应。但是抛弃眼前的感受，从长远的目标来看，按照标准的动作学习游泳，是很重要的。一般情况下，很多人在把自己错误的动作改正以后，游泳的速度并没有以前快了，这主要是因为不适应，在练习时要保持十分的耐心。纠正错误动作比我们从头学习有时候还要困难，但是，纠正错误动作主要是为了在以后的游泳中可以游得更好、更快、更轻松。刚改正时别扭是难免的，但是却可以为以后取得好成绩打好基础。只要有足够的耐力，不久之后就会发现改正的好处。

小贴士

1. 在纠正错误的动作时最好找一位好教练，这样可以更容易帮助你“转型”。一般游泳年龄越长的教练经验越丰富，越能更好地帮你练习。

2. 在夏天进行游泳时，安全是最为重要的。一些人常用自己错误的动作去河里游泳，这是非常危险的，动作不规范会导致人在游泳时不好用力，再加上对水里的情况不了解，往往会造成意想不到的灾难。

第二章

# 自由泳的注意事项

## 练习自由泳时的自我保护

### ❖ 练习自由泳如何保护自己

夏季游泳要注意，在室外游泳非常容易中暑，要注意避暑。

先兆性的中暑主要表现是：头晕、多汗、口渴、四肢无力、头痛、注意力不集中、体温不正常等。当出现这几种情况时，要及时停止游泳，快速转移到阴凉的地方避暑，要注意通风，并及时补充盐分和水，一般情况下在短时间之内会恢复正常。另外，阳光下的沙滩、空气流通性不好的房间、露天的场地等是中暑最容易发生的地方，所以我们最好选择在晚上、早上游泳，或者在室内游泳。

小贴士

1. 夏天人比较容易出汗，消耗的能量也比较大，并且在夏季的白天很多人不想吃饭，吃饭不规律，导致抵抗能力下降，这就很容易使人体内的阳气外泄，很容易导致感冒，严重的会导致中暑。

2. 每年中暑的集中时间是6—9月，在这个时间段内要警惕中暑。在夏天如果去游泳一定要做好防护措施，因为在烈日下停留的时间过长，由于受到阳光的暴晒，头部的温度会迅速增加，严重的会升高到39摄氏度以上，很容易引起中暑。

化解抽筋的方法：

在游泳时很容易出现抽筋的现象，为了避免抽筋应该做到以下3点：

1. 在身体疲劳或者饥饿时不可以游泳，因为当人饥饿时会出现

自由泳

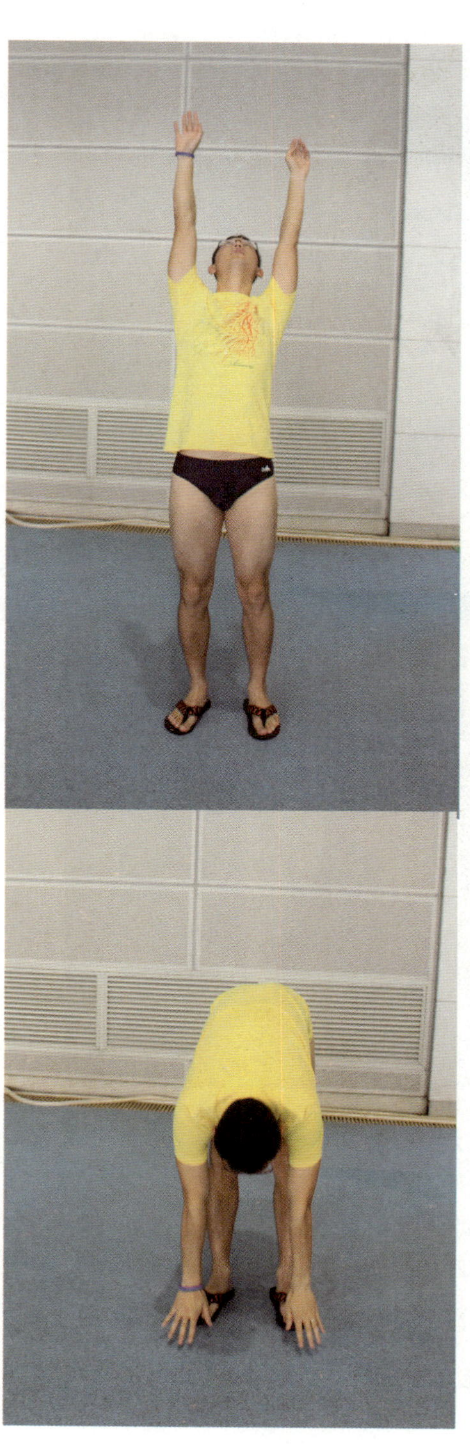

低血糖的现象。而在这种情况下，如果遇到冷水并受到刺激时，就容易引起抽筋。

2. 在进行游泳之前要做好准备活动，要进行一定程度的热身运动。例如，我们可以左右方向旋转背部，后仰、前屈来活动肩部和背部，还可以用两个手臂画圆或者是做扩胸运动 15 次左右，这样可以活动胸部和肩部。两条腿伸直弯腰用两只手去碰触脚尖，并且做下蹲的姿势，以及任何活动膝盖的动作。另外，在下水前还要在岸边用水把自己胸部、腹部、四肢、膝盖等部位擦湿，这样可以更快适应水的温度，有利于保护身体。

3. 进行脚趾运动的活动。伸直腿坐在地面，一条腿抬起来，并且用手反复地进行扳脚趾的活动，这样可以锻炼小腿、脚趾以及大腿后面的肌肉弹性，有利于

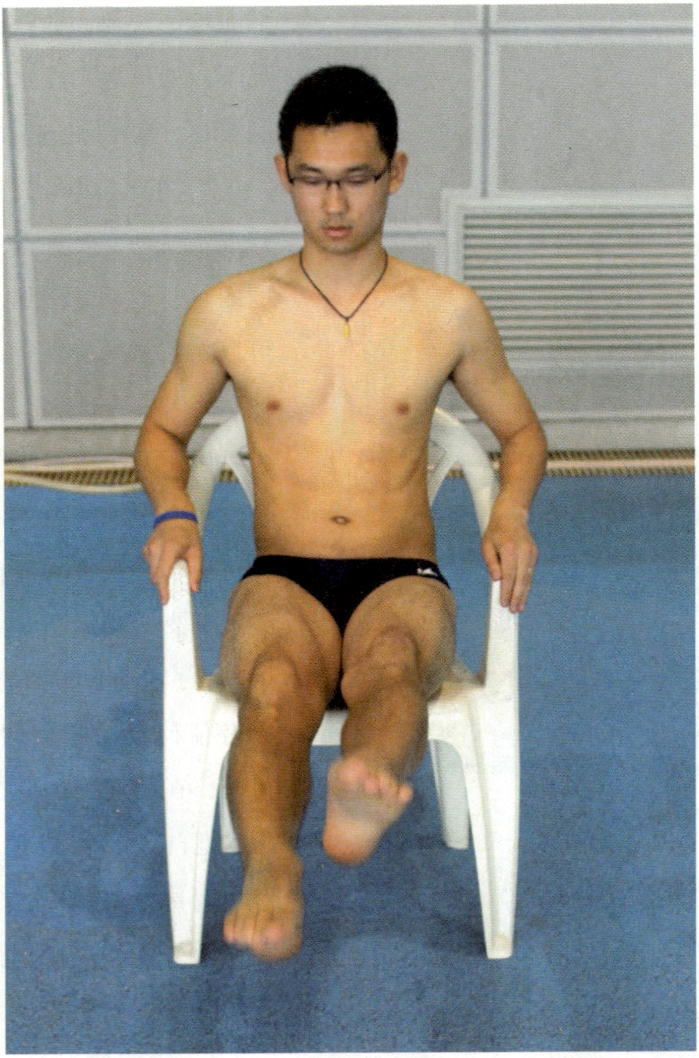

防止抽筋。

当自由泳时出现抽筋现象，应该采取如下措施：

1. 最重要的是要保持冷静的态度，切记不可以慌乱，同时要用最快的速度明确自己目前所处的位置。如果抽筋时自己在浅水区，可以迅速站立起来，并用力进行蹬拉的动作，或者是用手指扳住抽

筋的部位，并对小腿进行按摩。

2. 如果发生抽筋时，自己位于深水区，最好的解决办法就是先吸一口气，然后迅速潜入水里，用手指捏抽筋的部位，并且用力使脚掌上翘，这样就可以牵引抽筋的肌肉，保持此动作，并坚持片刻，促使抽筋的肌肉慢慢松弛，之后即可上岸。

3. 当脚趾抽筋时，可以将腿部迅速屈起，用力把脚趾拉开，并用手指把脚趾扳直。当手抽筋时，可以将手握成拳状，然后迅速用力张开，反复做此动作即可解决抽筋。

小贴士

1. 在抽筋时也可以采用仰泳的方式逐渐游上岸，上岸之后再进行解决。如果自己没有信心能够处理好抽筋问题，可以进行呼救，但是一

定不能惊慌，要保持冷静，否则会引起其他身体部位的抽筋或者是呛水。

2. 游泳时间不能太长，在游泳时要根据自己的体质、年龄、体力状况等决定游泳的时间。

3. 游泳时不要过分注重速度，不要与别人比速度，否则会体力消耗过大，很容易引起抽筋。

## ❖ 如何在自由泳练习后预防后遗症

自由泳是人们放松身体的最好方式，但是游泳之后对身体皮肤的保护却很少有人注意。在自由泳之后对皮肤进行仔细清洗是保障皮肤健康最重要的方式。

在自由泳前进行淋浴，可以避免身体汗液中的各种元素污染游泳池中的水，在游泳之后，要对身体进行彻底的清洗，这样可以避免游泳池中含有氯元素的消毒剂对我们皮肤和头发的刺激。

### 小贴士

1. 游泳池中含有大量的氯元素，这些化学元素可以使人体的皮肤变得干燥，严重的可以引起炎症。所以在自由泳结束之后我们要对身体进行仔细的清洗，消除氯元素。

2. 自由泳结束之后，我们可以先到干净的温水中浸泡身体，这样可以避免肌肉紧缩和身体僵硬。泡完之后再用自来水冲洗身体大约10分钟便可以除氯，对保护皮肤很有用。

自由泳之后预防眼睛受伤：

很多人在进行自由泳之后会出现一系列的眼睛不舒服症状，例如，不停流眼泪、眼睛发痒发红、想揉眼睛等。这说明在自由泳时感染了结膜炎。出现这种现象很正常，主要原因是游泳池中

的水不干净或者是没有戴泳镜，另一个原因是自由泳结束之后使用公共的毛巾擦脸。当出现眼睛感染的情况时不要着急，应该先用一些生理盐水对眼睛进行冲洗，如果冲洗之后还有这些现象，那就要及时就医。一般情况下，如果治疗及时，一般两天之内症状就会消失。

但如果是戴着隐形眼镜进行自由泳时出现以上现象，就没有那么容易治疗了。主要原因是当我们戴着隐形眼镜下水时，在水中会造成眼角膜缺氧和上皮细胞的脱落，这就很容易使眼睛受伤，这个时候要迅速将隐形眼镜取下来，并且要及时到医院治疗，不可以自己用生理盐水冲洗。

预防措施：

下水之前一定要记得戴上泳镜，同时要注意泳镜与脸距离是否

适中，要确保游泳池中的水不会流进眼镜里面。如果没有戴泳镜就下水了，一定要注意在水中不可以把眼睛睁开，这样可以避免游泳池中的水接触眼睛造成感染。

预防耳朵受伤：

一些人在进行自由泳之后会有耳朵发痒或者疼痛的感觉，这主要是得了急性中耳炎，是由于游泳池中的水不干净。出现这种现象时要及时到医院就医，切记不可以用东西掏耳朵，因为耳朵非常脆弱，很容易造成伤害。

预防措施：

最好的方式是在进行自由泳之前准备一个耳塞，如果没有耳塞的话要尽量避免耳朵进水时间太久，一旦感觉耳朵中有水，应该及时出水上岸，出水之后可以将头偏向一边，使进水的那一边朝向下方，进行几次抖动，这样可以使耳朵中的水流出来，如果这样不行的话，一定要及时就医，不可自己用东西掏耳朵，避免造成耳朵发炎。

女性疾病的预防：

自由泳池中一般为了消毒都会加入一些氯元素，虽然这些氯元素在一定程度上可以消除细菌，但是它也可以破坏女性阴道内的 pH 值，在女性的阴道内有一些乳酸菌可以抑制细菌，但是如果遭到了破坏就很容易受到感染，引起阴道灼热、发炎、瘙痒等。当出现这些情况时需要及时到医院治疗。

### ❖ 自由泳运动对准妈妈的利与弊

自由泳对于怀孕 4 个月以上的准妈妈来说其实和平常的散步、保健操是一样的，是一种比较好的身体锻炼方法。与陆地上的运动相比较来说，孕妇在水中可以减轻身体负担，可以更轻松地对腿部和腰部的肌肉进行锻炼。同时，自由泳的耗能也比较多，能够将孕妇身体上的多余脂肪消除掉，同时对于那些技术比较好的孕妇来说，自由泳能够增加肺活量。另外，自由泳的练习还可以很明显地减轻准妈妈在怀孕期间的痔疮、腰痛、静脉曲张等症状，同时也可以矫正胎位。这些作用都可以更好地促进分娩,使分娩更容易。与此同时，国外也有相关的数据表示，孕妇进行自由泳练习不仅可以促进分娩，而且其顺产的效率远高于那些不进行自由泳练习的产妇。所以，进行自由泳对孕妇具有很好的作用。

但是从另一方面来说，对于那些怀孕不满 4 个月或者有过早产、流产、阴道出血、死胎、心脏病、妊娠中毒病以及腹部容易疼痛的准妈妈来说，都不可以进行自由泳，并且孕妇对自由泳的水质有更高的要求，自由泳池中的水必须经过很严格的消毒，假如某些细菌超标或者是比例不适合，都会使孕妇出现妇科炎症。这些疾病如果用药物进行治疗也会对胎儿成长发育不利。另外，对于那些怀孕 8 个月以上的准妈妈来说也不要进行自由泳，因为这个时候腹部很明显处于增大期间，体重会明显增加，行动变得很迟缓，而在进行自由泳时很容易有意外发生，所以最好的运动方式是每天保持适当的散步。

### ❖ 自由泳时要注意保护头发

在夏天，泳池中、大海中到处都是一些“美人鱼”的身影，那么美丽诱人。当你在感受着如此清凉的水，享受着大自然最原始的纯真时，你知道需要怎样保护自己的头发吗？其实头发在海水中正受着很大的挑战。

（1）自由泳池中两个摧发的辣手

过滤液、消毒液以及其他化学品对头发的伤害：经过消毒液或者是过滤液的侵蚀，头发会受到很大的伤害，会使头发干枯、断裂或者脱落。

解决的方法：在进行自由泳的时候把头发扎起来，尽量使最少的头发与水接触，或者是在进行自由泳时注意正确佩戴泳帽。

泳帽的伤害：在自由泳结束后，脱下泳帽时，或许你已经发现了，帽子内部会有一些脱落的头发，这真的很让人痛惜。

上面情况的出现主要有两个原因：

第一，泳帽质量不太好，材料质量较差比较容易造成头发的脱落。

第二，佩戴方式不正确，不应在比较乱的头发上直接佩戴。

解决的方法：第一，要买质量较高的泳帽，最好的是非塑胶的或者是丝织品。第二，如果头发比较好的话，要把头发弄得顺滑，然后束起来固定一下，再戴泳帽。

（2）海边 3 个无情的伤害



海水呈碱性的伤害：因为海水是呈碱性的，里面含有比较多的碱性成分，这些碱性的东西对头发具有很大的伤害。如果海水长时

间与头发接触会使头皮过敏，减少头发的弹性，也会使头发失去原有的光泽。

解决的方法：要注意进行自由泳时，一定要佩戴泳帽，并且要定期对头发做护理，更好地供给头发所流失的养分。最好在进行自由泳之前涂抹一些护发产品。

海水中沙粒摩擦的伤害：海水中的细小沙粒也是很容易导致头发枯黄和脱落。当我们用放大镜进行观察时，我们会发现沙粒并不都是呈圆形的，很多是不规则的形状，例如棱角形。这些沙粒对头发的伤害很大。因为处于带水或者是半干状态的头发中毛鳞片都呈打开状态，这个时候海水中的沙粒很容易对头发摩擦使其受损。

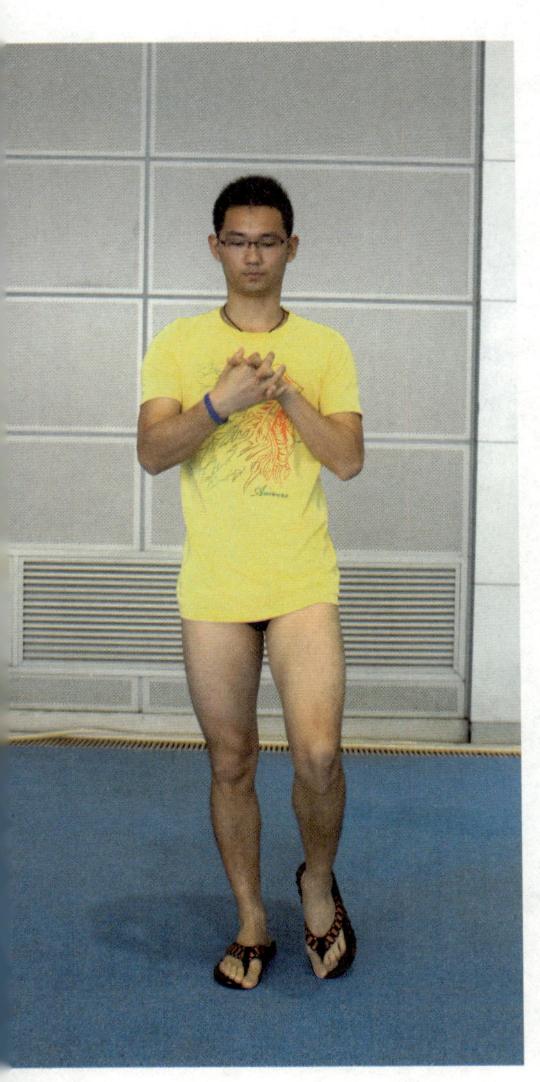

解决的方法：尽量少让头发接触沙粒，在进行阳光浴的时候，要在头发的下面垫一条浴巾。

紫外线的伤害：当我们给皮肤涂抹过防晒霜后，并不意味着已经很好地保护了自己，紫外线也会对头发造成很大伤害，防晒霜并不能完全对抗紫外线，紫外线还是可以令头发干燥枯黄。

解决的方法：在出门前，在头发上抹一些焗油膏，然后在阳光下

水深1.4米

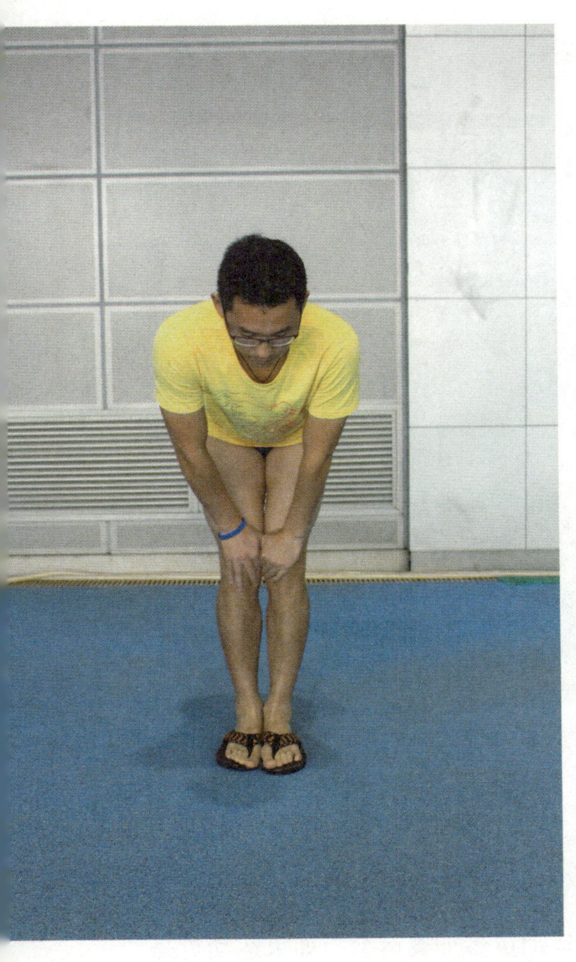

面进行自然加热，或者在发梢的地方也涂抹一些防晒霜。

## 自由泳的比赛规则

自由泳在比赛中占有很重要的地位，在奥运会中，参加奥运会的各种协会必须得到国际奥委会同意和认可，协会内部会进行参赛运动员的挑选。自由泳运动员需要参加国际泳联和国际奥委会组织的资格赛，获取参加奥运会比赛的资格。

### ❖ 自由泳的参赛资格

在奥运会中每一个单项进行比赛，都由国际泳联进行报名成绩的确定。自由泳的参赛资格有两个标准，分为 A、B 标准，A 的成绩较难达到，B 的成绩相对来说比 A 容易达到。假如某个国家或者地区想要参加，那么需要对运动中的每一个项目都派一个选手进行比赛，而且这些选手一定要达到奥运会 B 标准的水平才可以参加。如果两名选手进行比赛时参加的项目是同一个单项，那么他们的成绩一定要通过奥运会中 A 标准的成绩。另外，参赛的选手中，只有在国际泳联中得到认可并且达到 A 标准，才有报名的机会。

## ❖ 单项比赛规则

在奥运会每一个单项比赛中，每一个国家只可以派出两名或者是两名以下的取得 A 标准成绩的运动员参加奥运会。如果运动员是取得 B 标准成绩的，则其所在国家只能派出一名运动员来进行比赛。

## ❖ 接力比赛规则

在接力比赛中，每一个接力项目，每一个国家只可以派一支队伍参赛。

没有达标选手的国家进行参赛的规则：如果一个国家中没有一名运动员可以达到规定的 A 标准和 B 标准时，可以根据参加比赛的资格说明进行选择，派出两名选手，男女各一名参加比赛。

注意事项：

在奥运会的自由泳比赛中，200 米以下的项目，比赛分 3 次，首先是预赛，然后是半决赛，最后是决赛。其中 200 米以下包含 200 米。400 米以上的比赛和接力赛进行两次比赛，分别是预赛和决赛。接力对各个项目运动员根据报名时的成绩进行分组，然后按照分好的组进行预赛，最后根据预赛的成绩进行决赛或者半决赛。

### ❖ 出发和到终点时要注意的事项

在自由泳的比赛中，运动员如果在出发时犯规或者是抢跳，都会被取消参加比赛的资格。蛙泳、自由泳、蝶泳以及其他的个人混合型的比赛在开始时必须从出发台开始起跳，仰泳出发时在水中。总裁判员口哨音的信号发出时，参赛的运动员应该自动站在出发台上，参加仰泳的运动员应该开始下水，在总裁判员发出第二次信号时，

仰泳运动员要迅速向泳池头部游去，同时快速做好出发的准备。然后当“就位”的口令发出时，每一位运动员都要把自己的一只脚放在出发台的边缘，以便做好出发动作，手臂可以随便放置，没有限制。当所有参赛的运动员都做好准备时，发令员可以发出出发的信号，信号主要用电笛、鸣枪、鸣哨或者是口令。运动员听到出发的信号时方可做出出发动作。在仰泳和自由泳的比赛中，当运动员到达终点时，可以用一个手臂接触池壁，但是在蝶泳和蛙泳中到达终点时，必须两只手同时接触池壁才不算违规。

## ❖ 转身注意事项

在奥运会的比赛中，游泳池的长度是 50 米，这也是国际标准的比赛游泳池，所以当比赛距离长度大于 50 米时都需要在比赛的途中进行往返，这也就是所说的转身。在进行转身时，仰泳比赛和自由泳比赛允许运动员用身体的每一个部位接触池壁，也就是说允许运动员在水下进行转身，也可以用脚蹬游泳池壁。转身还有一个例外的规则，在个人混合泳当中，其中要进行泳姿的转换，在从仰泳进行蛙泳的转换时，运动员一定要保持仰泳动作的姿势直到碰触到池壁才不算违规。

## ❖ 计时注意事项

在比赛中所有运动员取得的名次和成绩都是由自动计时器完成的，当运动员比赛时，首先站在压力板上，此时压力板可以记录与运动员有关的数据。游泳池的每一条泳道都安装有触板，当运动员在比赛中触壁时可以准确记录触壁的时间。由于比赛中出发台和触板是相连接的，这就很容易判断运动员在接力比赛中是不是在其队

友接触池壁之后入水的。在接力比赛中，如果一名运动员在其队友接触池壁 0.03 秒之前就已经离开出发台了，那么这一整个队将会被取消参赛的资格。注意，运动员只可以在其队友与池壁接触时做出发动作，但是脚不可以离开出发台。

## 练习自由泳时受伤了怎么办

### ❖ 防止受伤的方法

1．防止肩部受伤的方法

正确动作：要保持自己的肘部不越过两个肩膀的外侧。正确的方法是，收胳膊的时候要从腰部开始发力，并往后方拉，这样就可以保持肩部完好不受伤。

错误动作：在转身时先用肘部发力，但是发力时肘部跑到了两个肩膀的外侧，这也就很容易造成肩膀受伤。

重要技巧：腰部先发力。

小贴士

肘部先发力容易使肩膀受伤。

2. 仰泳在抱水时不容易损害肩膀的方法

正确动作：和自由泳开始一样，在转体时要先从腰部发力，而不要从胳膊开始发力，这样就可以使肘部跟随腰部的旋转而旋转。在划水时，如果肘部比肩部高，就很容易使肩部受伤，先从腰部发力不利于肩部损伤。要通过进行大幅度的转体，不使肘部转到肩膀的后面。

错误动作：只用肘部发力，而不转体，在加大抱水深度时，肘部很容易弯曲，就促使肘部在高于肩部的位置时开始抱水，这样容易给肩部带来较大的负担，很容易使肩部受伤。

重要技巧：在进行浅型的转体时，不适宜做深度抱水。

小贴士

不能只用肘部发力，否则会给肩膀带来很大的压力，容易造成肩膀受伤。在进行浅型的转体时应该做浅度抱水。和深度抱水相比来说，不让身体受伤更为重要。

3．蛙泳时防止膝盖受伤的方法

正确动作：在蹬腿的时候，要做以腿骨为中心的运动，心中想象着腿骨关节关闭之后的感觉，然后向身体后方直线蹬出，这样就可以减轻膝盖所承受的负担，不容易使膝盖受伤。总之，不能固定膝盖，要想象着一边关闭关节，一边进行直线蹬腿。

错误动作：很多人习惯用膝盖蹬腿，这样很容易使膝盖受伤，要以膝盖下面的腿骨为中心，这样可以保护膝盖。

4．蝶泳时防止腰部损伤的方法

正确动作：最好的方法是在游泳时心里有一个幻想，想象着自己在水中自由自在穿梭的感觉，在进行呼吸时，要避免弯腰。最好是在划水结束时进行呼吸。

错误动作：当双手在水上面时进行呼吸，同时因为双手在水上面产生重力，为了克服这些重力，用打腿的方法，就造成了腿部的弯曲。整体形成的结果就是整个身体都在向后方弯曲，腰部就很容

易受伤。当然自由泳时呼吸过早的话也非常容易引起腰部弯曲，这就加大了腰部弯曲的时间，使腰部受伤。

5．潜泳时防止腰部损伤的方法

正确动作：要把自己想象成一只海豚或者是自己在水里面缝衣服，保持这个姿势游泳，逐渐加大身体前后的长度进行波浪形动作。

错误动作：做波浪动作过深，当潜入太深时升上来会很容易弯腰，就很容易使腰部受伤。

小贴士

潜水太深，容易导致腰部受伤。

## ❖ 受伤时应该采取什么措施

在练习自由泳时，受伤是很正常的，尤其是对于初学者来说。其实大部分的损伤主要是产生于刚开始练习或者在对新的动作进行练习时。因为这个时候我们不知道会做什么动作，或者是身体还没有做好足够的准备。在技术没有准备好的状况下你需要花费更多的气力，但是又不能过猛地用力，这是最容易受伤的时候。

另外，每一个动作的练习都要做不同位置的身体部位运动，所以如果说某一部位用力过大或者不足的话，身体就会承受不了，这也很容易导致受伤。任何动作只要运用正确的方法，就会相对容易做下来，因为你心里面知道自己将要怎样去做，对身体某一方面的注意力就会提高，并且已经准备了足够的力量。

在进行自由泳的练习时，受到普通的伤害一般需要几天或者是几周的时间便可以痊愈，最常见的受伤是肩膀受伤、腰部受伤、膝盖受伤等。人体的关节是非常脆弱的，在进行练习时，肩、膝、肘等关节都要注意，防止骨折、脱臼或者扭伤。脚趾和手指是最容易骨折的。自由泳、蛙泳等动作很容易引起腰部和膝盖受伤，在练习的时候要注意。在受伤以后要及时治疗、补充营养并适当地休息，否则会导致长期不能痊愈的状况。

另外，在练习自由泳时要找一个好的教练，好的教练会带你做好各方面的准备，并告诉你所有的动作要领，在你进行练习时时刻保护你，这样受伤的概率很小。

受伤时采取的措施：

1. 在游泳时受伤，要立即游到岸边，进行适当的休息和包扎。

2. 在游泳时最好有朋友陪自己一起，当腰部受伤不能游泳时可以让朋友帮忙带自己出水，先用热毛巾捂住受伤部位，然后上药。

3. 当膝盖或者关节受伤时要立刻去附近的医院就诊，否则很容易引起骨头撕裂，难以愈合。

肌肉痉挛解决方法：对痉挛的肌肉进行牵引，过几分钟便可以缓解。

肌肉拉伤解决方法：在受伤处敷冰块或者是敷上冷毛巾，大约敷半小时。注意不能揉搓或者是热敷。如果受伤的地方只有很轻微的疼痛，可以用热水浴的方式进行治疗。

关节扭伤解决方法：发现受伤之后快速仰卧在垫子上，将受伤的关节垫高，并用毛巾或者冰块冷敷，过 3 天之后再热敷。如果身体扭伤的部位出现皮肤青紫、疼痛和肿胀的现象，可将半斤陈醋加热后用毛巾蘸敷伤处，每日 2～3 次，每次 10 分钟即可。

运动时出现头痛解决方法：一小部分心脏病患者在发病时并没有感到其胸部有异常，但是当他们运动时，会感到头痛。对于这种情况很多人会认为是自己没有足够的休息或者认为是普通的感冒而不去理会，这样会很危险。所以，提醒一些经常做运动的朋友，在运动中感到头痛时要尽早去医院就诊。

自由泳是一种比较省力的游泳方式，它主要是依靠两条腿进行打水，并促使身体前进。但是对于老年人来说，由于身体各部位的关节韧带都比较松弛，同时踝穴变宽，在生活中也避免不了崴脚、错骨等状况发生，这就很容易在自由泳姿势不规范的时候引起脚踝损伤。

在自由泳时，用腿打水时要保持自然关节放松，两只脚稍微向内扣，要由髋关节进行发力，所发出来的力气传至大腿，然后带动小腿和脚的游动，在做打水动作时应该有力并且富有弹性。同时在打水时发力技巧也是很重要的，任何肢体动作的运作都不能随意，要保持与整条腿的动作相连接，否则是非常容易受伤的。

小贴士

1. 在自由泳练习之前要注意进行热身运动，这样可以避免身体关节损伤，不容易使身体肌肉和踝关节在打水时受伤。

2. 在平时的生活中，要加强对身体关节柔韧性的练习，对踝关节进行力量的练习。如果关节受伤或者是崴脚应该迅速到医院就诊。

第三章

# 自由泳的练习技巧

## 自由泳练习中的身体姿势

### ❖ 自由泳的入门知识

在学习自由泳之前，我们要对水和人体的特点进行充分了解，这样可以更好地运用自身条件，更快熟悉水性。

我们知道一个物体在水中沉浮的深浅主要取决于物体的密度，当物体的密度大于水时会下沉，当物体的密度小于水时会上升。当我们了解这一点时，就不容易对水产生恐惧感了。当我们进行自由泳时，如果感觉自己身体的浮力比较差或者自己胆子比较小而害怕时，可以使用一些泡沫做成的泳具，套在身上，这样就可以增加浮力，同时也可以给最初学习自由泳的人增加一点安全感。

1. 水中行走的练习

水中行走是学习自由泳的基础，学习行走的目的是使我们可以更好地体会到水的浮力、压力和阻力，并且通过水中行走的练习能够在水中保持身体平衡。

步骤一：两只手扶着身边的同伴或者游泳池的池壁，学会在水中慢慢行走。

步骤二：一只手扶着身边同伴或者游泳池的池壁，另一只手放在身体的前方，试着向后方划水，划水的同时要在水中行走。

步骤三：当以上两步练习熟练之后，不借助任何的外界物体，自立在水中行走，同时两个手臂向外做划水的动作，双脚进行前后左右的行走练习。

在学习之初要对水性有一定程度的熟悉，对于小孩子来说，可以进行一些游戏项目吸引他们的兴趣和注意力，例如，水下钻杆、

跳水等，这样可以促进他们学习自由泳。

2. 水中呼吸的练习

俗话说不会呼吸的游泳就不能称作游泳，只能叫作憋气。在自由泳时要想正确呼吸，必须用嘴。我们可以站在与肩膀同样深的水里，用两只手抓住池边的东西，或者是抓住同伴的手，试着用嘴深深吸一口气，然后迅速把自己的头埋在水中，学着慢慢用鼻子呼气，当身体内部的废气被呼出之后，将头抬起来，然后再用嘴吸气。

对以上动作进行反复练习，当我们可以做到连贯自然地完成多个吸气、呼气技术时就离成功不远了。

3. 水中漂浮的练习

水中漂浮练习主要是体会水对人体的浮力，通过对浮力的掌握逐渐把握人体在水中的平衡，同时也可以消除我们对水的惧怕心理。

4. 抱膝漂浮的练习

站立在水中，深深吸一口气之后，蹲下，并两手抱膝，使两个膝盖尽可能靠近胸部，使身体呈抱膝的姿势，自然漂在水中，这时要尽可能放松身体。在站立时，两个手臂向前方伸，向下方压水并把头抬起来，同时要保持两条腿处于伸直的状态，用脚接触池底，并站立，两个手臂呈自然状态放在身体两侧。

5. 展体漂浮的练习

两只脚站立并分开，两个手臂放松，并向前方伸直，在做深深的吸气之后使身体向前方倒并逐渐低头，然后两只脚逐渐蹬着水底并离开，使身体呈俯卧的姿势在水面漂浮，这时两个手臂要自然分开放在身体两侧，全身处于完全放松的姿态，并使身体伸展开。在站立时要保持收腿、收腹，两个手臂逐渐向下压腿，然后抬起头，

把两条腿伸直，用脚接触池底并站立。

6．滑行漂浮的练习

蹬边滑行漂浮的练习：背靠着游泳池的边沿，一只手扶着池边，另一个手臂伸向前方，同时，一只脚站立，另一只脚贴着池边。进行深吸气，然后低头，使身体的上部分在水中向前方倾斜，呈俯卧的姿势，小腿和大腿都要适当收紧，使臀部靠近池边，用两只脚掌贴着游泳池的边缘，这时还要用扶着游泳池边的手臂向前方伸与前面的手臂并拢，要保持头夹在两个手臂中间，然后两只脚用力蹬，身体向前方滑行。

小贴士

在脚蹬离池边之后，身体进行适当的伸直，并且要保持身体的放松和自然。

蹬地滑行的漂浮练习：两只脚呈开立状站直，然后两个手臂向上方举，在做深吸气时上身向前方倒，当自己的肩膀和头部浸入水中时，前脚掌要用力蹬游泳池的底部，使身体逐渐向前方滑行。

7. 4 种游泳的姿势可以健美

除了那些真正从心底里面喜欢游泳的人，大部分的人都是想利用游泳进行瘦身或者是塑身。下面 4 种游泳姿势，对健身和瘦身都有很大的效果。

蝶式游泳，主要是运用腰部来牵引身体，长期采用这种姿势进行游泳可以把腰部多余的赘肉消除掉，同时还可以使腰部柔韧、有弹性，保持腰部纤细，使身体呈现优美的线条。

蛙式游泳，这种游泳方式大腿可以在水中进行充分收缩和展开，这样就可以很自然地消除大腿附近的赘肉。如果坚持每天进行强化练习，一个夏天的时间，你可以发现自己的大腿变得富有弹性而且结实了很多，不再是之前的松弛状态。

自由式游泳，这种游泳方式对手臂的健美有很大效果，可以使手臂更加匀称，呈线条状，同时也可以健美臀部，使臀部的肌肉更有弹性和光滑感。

仰式游泳，这种游泳方式对腹部健美有明显效果，长时间地采用这种方式练习可以消除腹部的赘肉，使腹部不再是之前的松弛状态，同时也可以使腰部和腿部的肌肉富有弹性，变得更加结实。

## ❖ 练习自由泳的身体姿势

1. 自由泳身体姿势

基本的身体姿势是使身体呈水平状俯卧于水中，躯干上的肌肉保持适度紧张，身体要呈自然伸展状态，同时要位于水面较高的位置，这样可以使身体的阻力减小。

在进行自由泳时，头部的姿势非常重要，头部正确的姿势是与水面呈平行状，眼睛可以看见游泳池的底部。在游泳时吸气可以使头部转动，但是一定不能抬起头。

小贴士

如果头部的位置较高，很容易导致腿部和身体下沉，这样就很容易使身体的阻力增大。但是当身体在水中侧卧时，可以减小很多阻力。当在水中侧卧并进行匀速前进时，头部位于水面，这时身体所受到的阻力会明显大于头部浸入水中时所受到的阻力。

在进行自由泳时，保持身体的流线型很重要，肩部和头部对流线型姿势的保持有很大作用。如果两个肩膀向前方耸，就可以促使腹部和胸部较平缓，这样就很容易形成较平滑的表面。

小贴士

略微地耸动肩部还可以促使肩膀周围的关节和肌肉活动幅度增大，使得臂部的肌肉平滑有力，可以更有力地进行划水。



在游泳时，要以身体的中线为轴进行顺应节奏的转动。要把整个身体看成一个不可分割的整体，随着腿部和手臂动作进行以躯干为中心的转动，左手进行划水，并沿着身体轴线进行左边的转动，右手与左手相反。两只脚在打水时要保持大约一拳的距离。

小贴士

进行以上步骤的练习，可以很快加快划水速度，不仅可以很好地保持流线型，还能够利用身体转动把划水的距离延长，可以使两个手臂处于最有利于发力的地方，更好地发挥身体核心力量，有助于呼吸的完成和移臂的顺利。

自由泳练习需要不断地坚持，每天都坚持不懈地练习一定可以成功，优秀的自由泳运动员一般都有以下特征：

（1）保持较好的身体姿势和头部姿势，同时身体的位置较高。

（2）具有放松和连贯的移臂技术，在进行移臂时手部靠近身体。

（3）可以很出色地控制自己的头部动作，可以很轻松地进行呼吸。

（4）对于肩部、髋部、躯干的转动可以做得很到位。

（5）打水的技术比较高。

（6）划水的技术比较高。

2．游泳池边打水练习技巧

主要目的：体会打水技巧，观察打水的方式。

动作要领：

（1）坐在游泳池的边缘，脚要绷直，同时把腿放在水面，并伸直，然后把双腿向水的下方移动，大约移动 30 厘米，两条腿要并拢。

（2）逐渐将其中一条腿移动到水面，然后再移动到原来的位置。同时将另一条腿也移动到水面，按照这个方法，使两条腿交替着在水中上下移动。在两条腿交替移动时，脚一定不能分开，要绷直脚背，同时使脚尖指着对岸。

（3）在向上方打水时，两条腿不可以露出水面，要随着动作的熟练，逐渐加快打水速度。

（4）在进行打水加速时，膝盖略微弯曲，同时要放松踝关节。

注意事项：

（1）打水时，脚趾要冲着对岸，切记不可以冲向上方。

（2）打水时，要使水花的形状如同煮沸的水，但是不能让水花四溅。同时要记住是在水中打水，而不是空打水。

**小贴士**

邀请同伴配合自己练习，使同伴站在水中，然后将两个手臂伸在水面下，保持掌心向下。自己用脚尖打同伴的手背，如果先碰到同伴手背的是脚趾，那就说明脚背的绷紧程度不够。

3．抬腿练习

用手扶着池壁，一条腿呈直立状，另一条腿脚背紧绷，同时使大拇指接触地面，腿仍然处于伸直的状态，然后逐渐将腿向上抬高大约30厘米，这个动作保持2秒钟，之后将腿放到原来的位置，反复练习，重复20次左右换另一条腿进行。

4．侧卧打水练习

动作要领：

（1）将脚蹼戴上，然后从游泳池的池边开始，用一只手扶着一个较小的打水板，前方的手臂放在打水板上，用自己的手指紧紧扣住打水板前方边缘。

（2）用脚蹬着池壁逐渐离开，把一个手臂放在身体的外侧。

（3）逐渐转动身体，使身体形成侧卧的姿势，使扶着打水板的手臂位于水的下方，另一个手臂和肩膀突出水面。

（4）两条腿进行快速交替打水。使头部枕在水面，一个耳朵在水的里面，使眼睛可以看到水外面，嘴角在水的下方。每一次要换一个姿势和方向。

注意事项：

（1）要保持身体稳定，并且所处位置适中。

（2）膝盖弯曲程度要小，要用两只脚快速打水。

小贴士

利用上述讲述方式进行反复练习，可以很好地体会打水技巧。在练习中，如果运用脚蹼时，应该对前后方向的打水效果进行体会。

注意事项：

在进行自由泳时，切记不能过于含胸低头和挺胸抬头。因为当我们过于抬头或者是挺胸时会导致背部向上弓，这就会使下肢和臀部向下沉，增大身体在游泳时的阻力。而当我们过于低头含胸时，会促使肩膀和头部过于在水中沉浮，不仅会增加转头时的呼吸困难，还会对身体的平衡性造成破坏，不利于身体呈流线型，阻碍正常的前进速度。在进行游泳时，由于需要打腿、转头、划臂，身体应该围绕着轴心进行有节奏的转动。转动角度的大小是两个肩膀轴线与水面的夹角。这也就是说在进行转头换气时，身体要随着头部的转动而转动，换气时要向左看或者向右看。

在自由泳时身体要围绕轴心转动，主要有以下作用：

（1）对手臂出水以及移臂都有一定的好处，可以缩小移臂时转动的角度，还可以减小

移臂时带动身体转动的力量，有助于保持身体平衡。

（2）对另一个手臂在水下划水有更好的作用，可以使划水手臂的滑行路线更靠近身体的纵切面。

（3）对转头和呼吸动作的完成都有一定的好处。

（4）对身体平衡有一定的好处，因为在进行自由泳时，臀部要随着身体的转动而转动，在转动时有一定的打腿动作，这时可以抵消转动时身体的偏移，所以能更好地保持身体流线型。

5．陆地上腿部动作练习

坐姿打水：坐在地上或者是游泳池的边缘，用两只手向后方撑着身体，两条腿伸直，进行自由泳的姿势，腿要向内部旋转，使两个脚尖相对，脚跟呈八字形，两条腿处于放松状态。同时要把髋关节作为轴线，用大腿的力量带动小腿进行上下打水动作。

侧卧姿势打水：找一个凳子，俯卧在上面，同时两条腿进行交替打水，其要求和第一步一样。

6. 水中腿部动作练习

俯卧打水的练习：用手握着游泳池的槽，或者是让同伴托着你的腹部，使身体呈水平的姿势，两条腿伸直，这个时候开始做屈腿或者是直腿的打水。

仰卧打水的练习：使身体呈仰卧姿势，用手握着游泳池的槽部，或者是让同伴托着你的背，做两次交替打水动作，要注意自己的膝盖不能离开水面露出来。

滑行打水的练习：在练习时要进行闭气，两个手臂伸直，合并在一起，使头部夹在两个手臂之间。

扶板打水的练习：在进行练习时两个手臂要伸直，并且处于放松状态，扶着打水板，使自己的肩膀部分浸入水中。这一步要注意，手不能用力压住打水板，要保持呼吸自然。

## 自由泳练习中的腿部动作

在进行自由泳的练习时，腿部动作非常重要，它主要是用来保护身体平衡，并且可以配合两个手臂的运动，在进行自由泳时要最大限度地促使身体前进。在腿部进行打水时，要以身体的髋关节为支点，从大腿的部位开始发力，带动小腿和脚的运动，同时进行上下交替打水。在向下方打水时要用足够的力量，同时膝关节也要处于略微弯曲的状态，脚要稍微向内部转，使踝关节处于伸直的状态。在向下方打水时，要使膝关节弯曲大约为160度，这样可以更好地产生浮力，带动身体向前方运行。

在向上方打水时，膝关节应该是伸直状态，踝关节是自然放松状态，这样可以减小前进时水的阻力。两条腿在打水时要注意动作的连贯性和节奏性，在打水时两个脚跟从上到

下的距离大约为 35 厘米，要保持适度的幅度，不能过大。

自由泳打腿的动作要领总结有如下 5 点：

1. 大腿带动；

2. 屈膝下压；

3. 直膝上移；

4. 双脚轮流；

5. 交错打腿。

自由泳打腿的具体动作要领：

1. 在进行自由泳打腿动作时，要使双腿略微伸直，膝盖处于放松状态，要把脚板打平，形成内八字样，两条腿在水中活动的角度距离应该为 35 厘米左右。

2. 在进行上举的动作时，要使大腿带动小腿，这个时候小腿应该处于放松状态，并且抬高直到接近水面。

3. 大腿向下方压，使膝盖处于自然弯曲状态，把大腿的力量逐渐往小腿上传，并且同时带动小腿向下压。

4. 当大腿和小腿在一条直线上时，这个时候力量应该刚好传至脚上，再由脚板把身体的力量传递至水中，同时要迅速借助这个力量所具有的反作用，把整条腿抬上去。

**小贴士**

在进行自由泳打腿动作练习时，要明白整套动作就像一条鞭子在进行甩动，其最大的力量是在整条腿的末端，也就是脚板。两只脚进行相互甩动，可以产生一种持续性的力量，这个时候呈内八字的脚把所有力量集中在一起，随后产生出最大的推动作用。

技巧综述：

1. 在刚开始进行身体转动时，鼻子应该是朝向游泳池的底部。当你转过大约一半的时候，这个时候肚脐是朝向池底，可以使头部顺应着躯干的转动而转动。这时要注意使头部的转动和躯干的转动一致，并且保持躯干转动略早于头部转动。

小贴士

这个动作中，头部转动一定不能在躯干转动之前进行，否则的话会导致抬头，增大身体的阻力。

2. 当身体在向左侧转动时，要注意在转动到幅度最大时，可以略微转头多一些，这样就可以吸收足够多的氧气。在这个时候我们可以允许略微抬头。但是一定不能过高抬头，为了避免过高抬头，我们可以将头的后面或者是侧面压向游泳池底部的方向，让它与前方的手臂相接触，或者是几乎接触。这个时候要有这样的感觉，如果再继续转头，直到鼻子朝向上方时，两个耳朵将会沉没在水中。

3. 当身体向左侧转动，你在呼吸时，要保持左臂处于伸直状态。

4. 当呼吸足够时，头要转回原来的位置，这个时候鼻子应该朝下。头部转动的时间应该是在身体转动之前。

小贴士

根据以上方法练习自由泳打腿技术，可以帮助你更好地克服在自由泳时抬头的毛病，同时还可以减少在打腿时能力的耗费，有助于保持身体平衡。

在平时的练习中，很多人会出现打腿很厉害，但是身体却不会

前进的状况，还有些人身体还会倒退，主要是因为动作不规范，下面我们来看一下在自由泳练习时经常出现的错误打腿动作：

1. 木鱼式的打腿

木鱼式的打腿主要是说在进行自由泳时，小腿在水中进行各种勾伸动作，这个动作不仅不利于身体前进，还会在水中激起很大的声音和水花，就好像在敲木鱼一样。

注意事项：

在进行自由泳时，要保持小腿动作的协调稳定，使其动作有利于身体前进，不可进行敲木鱼式的勾伸。

2. 木棍式的打腿

木棍式的打腿主要是说，膝盖和两只脚用力打直，这就造成了腿部的僵硬，就像一根木棍一样，这个动作会使得腿部在打水时非常费力，并且摆动的范围也比较小，就减小了前进的力量。同时这个动作也极有可能会造成腿部抽筋。

注意事项：

在进行打水时，一定要保持膝盖略微弯曲，不能伸得太直，否则会很费力，造成以上错误动作。要注意腿部弯曲度适中，不可弯曲得太厉害，否则也会不利于自由泳。

3. 脚踏车式的打腿

这种方式主要是说在打水时，双脚就好像在水中踏车一样，不断收缩大腿，促使两条腿在水中向后方踩踏。因为在收大腿时会产生一定的阻力，它与向后方踩踏时的推力相互抵消，就形成了一定的力量阻碍前进。

注意事项：

在打腿时，不可以踏车式地收大腿，要根据一定的动作要领收

缩大腿，减小身体阻力，快速前进。

4. 锄头脚式的打腿

主要是在打腿时，脚板没有打平，造成腿部动作就像一个锄头，使阻力增大，有时候还会因为脚板勾动，造成身体向后退。

注意事项：在进行自由泳打腿动作时，脚板一定要打平。要想尽一切办法促使身体向前进，而不是向后退。

## 自由泳练习中的臂部动作

### ❖ 自由泳练习之臂部动作的分解介绍

在自由泳练习中，可以促使身体前进的最主要动力就是臂部力量。两个手臂的基本动作是一样的。目前，大部分人都是采用屈臂高肘的技术来划水。臂部动作主要由5个部分组成，分别是入水、抱水、划水、出水、移臂，这5个部分具有很大的连贯性。

1. 入水。在进行自由泳时，当完成空中移臂以后，上手臂要在肩膀的前方，很自然地插入水中。入水点位置可以根据距离做决定，在入水时要确保肘关节处于较高位置，按照一定顺序入水。

2. 抱水。当手臂入水之后，要迅速开始抱水动作。其动作要领是：入水以后手腕迅速保持略微弯曲状态，前臂要向内部旋转并提肘，同时还要向前方和下方伸肩膀，这样可以拉开肩膀的肌肉群，能够促使肩膀更有力地向后方划水，同时也做好了划水准备。在抱水的过程中要保持肘部处于较高的位置，以防下沉。

3. 划水。划水部分是手臂动作中能够产生前进引力的部分。在抱水之后，手臂应该与水面成40度角，然后开始划水。肘部弯曲约为150度，划水时前臂的动作要快于后臂。当手臂划到肩膀下方时，要保证整个手臂与水面垂直，手位于身体下方，并且靠近身体中线，肘部弯曲约为120度，还要使上臂和前臂同时向后方划动，肩膀部位向后移动，并做出快速推水动作，直到把水推至大腿的下方侧面部位。

小贴士

在划水时，手指始终处于自然并拢状态，为了使划水面积增大，手指可以稍微分开，各个手指的空隙应该在5毫米左右。在推水和划水过程中，为了能够更好地促使身体前进，手腕应该根据手臂位置的改变进行一定程度的改变。在刚开始划水时手掌和小臂基本呈一条直线。在划水时，手部的移动路线是首先由肩膀前方经过肩膀下方，然后到腹部下方和大腿外侧，基本是“S”形，要注意它是弯曲臂部划水时自然情况下形成的。

4. 出水。当划水动作结束以后，手臂借助推水之后的惯性，并利用肩膀三角肌的自然收缩、肩膀肌肉力量，以及整个身体沿着肘部转动的力量，使肘部向上方迅速提起，并且迅速把手臂露出水面。在这个时候，手臂和手腕应该是放松状态。

5. 移臂。当臂部出水以后，要用肩膀的力量带动臂部，使肘部弯曲，并且沿着水面逐渐向前方移动。要注意肘部在整个过程中一定要比肩部高。

自由泳练习中，两个手臂正确配合可以为身体前进提供很大的动力，同时也是保持身体平衡的重要条件。两个手臂正确配合也有利于更好地增强肩部力量，积极带动划水。两个手臂配合有后交叉、前交叉和中交叉。当一个手臂在水中完成移臂动作时，要使另一个手臂处于胸和肩下方，并且与水面成90度角，这叫作中交叉。如果另一个手臂推水到了腹部下方，并且与水面所成的角度为 150 度，则叫作后交叉。目前自由泳练习中一般采用中交叉和后交叉，也就是当一个手臂完成移臂动作时，另一个手臂划动至腹部和胸部下方，并且与水面成 120 度左右的角。

## ❖ 5种臂部动作姿势的介绍

1. 自由泳拉链式移臂

练习目的：更快学会移臂，在进行自由泳时拥有较好的姿势技巧可以更快取得成功。要注意这个练习不适宜于那些肩部有问题的人。

动作要领：

（1）戴上脚蹼，首先要练习侧浮打水技巧，一个手臂向前方伸直，用手扶着较小的打水板，身体在水中侧浮并进行打水动作。

（2）一个手臂放在身体一侧，同时要用自己的手臂紧贴大腿。这个时候要想象着自己用食指和拇指握住一条链子，并且沿着自己的身体向下方拉，直到拉到腋下。

（3）保持拇指的指甲与身体相贴，并且指向身体的中心部分，掌心向上，保持手腕放松，同时肘关节处于向上姿势。

（4）手指向上拉，直到拉到腋下以后，这时沿着拉过去时的路线，再回到开始拉的位置。根据这个动作要领进行反复练习。两个手臂都要进行练习。

注意事项：

（1）要保持肩部的位置足够高。

（2）要有耐心，坚持不懈一定能够成功。

（3）注意在向前方移臂时，肘关节要向上抬。

（4）要保持好打水的技术动作和头部的位置。

小贴士

练习时要切记不可急功近利，分步骤慢慢练习。在练习这个动作时可以尝试着身体贴近泳池中的泳道线或者是池壁，手要保持紧贴着身体。这个动作或许刚开始做有些不舒服，但是要强迫着自己去练习，时间久了就会自然适应。

2. 自由泳单臂划水技术

练习目的：对自由泳臂部练习进行分解，以更好地掌握技巧。

动作要领：

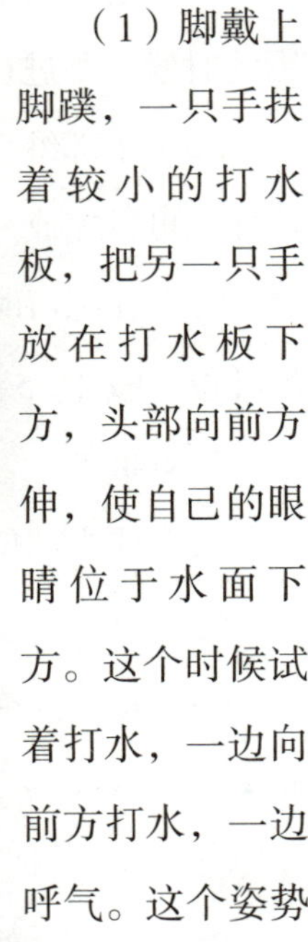

（1）脚戴上脚蹼，一只手扶着较小的打水板，把另一只手放在打水板下方，头部向前方伸，使自己的眼睛位于水面下方。这个时候试着打水，一边向前方打水，一边呼气。这个姿势做大约3次。

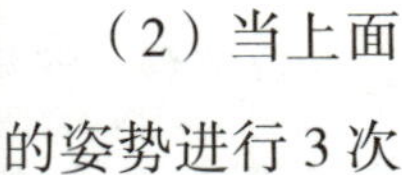

（2）当上面的姿势进行3次

以后，要试着用单臂向下方划水了，在划水的同时转动身体，当手臂划水到肩膀旁边时，开始转动头部并呼吸。

（3）当划水结束时，身体应该是侧卧状态，身体的一侧在水面上方，手掌心向着上方。对这个姿势进行重复，大约 3 次。

（4）运用拉链移臂式的动作进行空中移臂，当手移动到肩部周围的时候，要进行转头，转回原来的位置。

（5）手部继续向前方移动，并且要在打水板之前把手插入水中，这样就可以完成一个动作的周期，对这个动作进行交替练习。

（6）在练习时，要默默地念以下节奏：喊 1、2、3 开始吸气、划水、侧卧位，喊 4、5、6 开始转头、提肘、手入水中。

注意事项：

（1）使头部位于较高的位置。

（2）打水时要稳定并连续。

（3）每一次练习把握好一个步骤，并好好地运用。

小贴士

如果想提高动作的难度，我们可以在练习时贴近游泳道线，把游泳道线作为我们在移臂时的参照物，用中指和食指的指甲在游泳道上面进行轻缓前移，就好比是我们的手指在钢琴键上细微滑动。

3. 自由泳双臂划水技术

练习目的：对两个手臂的协调性进行配合练习，体会全身伸展的感觉。

动作要领：

（1）戴上脚蹼，把自己的左臂向前伸，呈流线型，把右手手臂放在身体外侧，用两只脚开始进行打水动作。这个时候要保持右肩膀露出水面，眼睛看向下方，然后呼气。做这个动作大约 3 次。

（2）两个手臂进行换位，注意要在同一个时间，左方手臂进行划水，右方手臂在空中移臂，一直到右臂伸展成流线型，使左臂位于身体一侧。做这个姿势大约 3 次。

（3）两个手臂在同一个时间换位，就按照这个步骤完成一个动作周期，进行反复练习。

（4）为了更好地呼吸，可以先向身体的一侧进行吸气，然后游泳几次，向身体的另一侧进行吸气，游泳几次，最后

再试着保持每三个动作吸气一次。

注意事项：

（1）头部要向前方伸，使自己的眼睛能够接近水面。

（2）使两个手臂向后伸展，直到一侧肩膀可以露出水面。

（3）按照这个动作进行逐步练习，随时间的增加动作逐渐流畅。

（4）打水动作要保持有力，动作要麻利。

小贴士

如果想提高一定的难度，也可以紧贴着游泳道做这个动作，把游泳道线作为自己移动的参照物，用自己的手指甲在水面滑动，就像是在弹钢琴。

4. 自由泳单臂连续划水动作

练习目的：对自由泳练习的技术进行分解。要想正确完成这个技术，需要自由泳练习者具有比较好的打水技术以及对身体的控制技术。

动作要领：

（1）戴上脚蹼，进行侧卧式的打水，一个手臂向前方伸展成流线型，另一个手臂放在身体一侧。

（2）用两个手臂进行划水和移臂动作，要注意稳定头部位置，转动肩膀要有力。

（3）对着划水手臂一侧吸气，同时要转动另一侧肩膀，使其露出水面，并且与水面呈垂直状态。

（4）对另一个手臂进行同样练习。

注意事项：

（1）在对这个动作进行练习时要做好肩膀的转动动作，促使肩

膀可以高高露出水面。

（2）身体和头部要保持稳定。

（3）要注意进行循环流畅练习，中途不能停止。

（4）在做练习时切记每一次动作都要把全身伸展开，向前方伸时要距离远，向后方划时要划长。

（5）打水时动作要有力。

小贴士

1. 在一个手臂向前方伸展时,要学会体验另一个手臂和肩部的感觉。

2. 熟练之后可以试着不用脚蹼进行练习。

5. 自由泳双臂连续划水动作

练习目的：在对两个手臂配合划水动作掌握好之后，要注意肩膀的转动和身体动作的控制。

动作要领：

（1）戴上脚蹼，身体侧卧着打水，一个手臂向前方伸展成流线型，另一个手臂放在身体一侧。

（2）运用较为流畅的节奏使两个手臂进行分开移臂和划水动作。

（3）对这个动作进行反复练习。

注意事项：

（1）要保持身体和头部位置的稳定。

（2）在每一次进行移臂时体会肩膀部位露出水面的感受。

（3）进行流畅并缓慢的练习，要保持动作的连贯性，中间不要停顿。

（4）在对每一次动作进行练习时，都要把身体各部位伸展开来。

（5）打水的动作要有力。

小贴士

1. 对手臂入水动作进行观察，要保证手插入水中。

2. 在手入水时检查水中气泡多少，如果气泡很少，则说明入水的动作比较好。

3. 在进行入水动作练习时，要附带练习两侧吸气。

## 自由泳练习中的臂腿呼吸配合技术

### ❖ 自由泳配合技术介绍

自由泳的配合技术一般有 3 种，一种是两条腿打水六次，两个手臂划水各三次，呼吸一次；另一种是两条腿进行四次打水，两个手臂各划水一次，呼吸一次；最后一种是两条腿各打水一次，两个手臂各划水一次，呼吸一次。到目前为止，在这 3 种配合方法中，最流行的是两条腿打水六次，长距离自由泳中采用两次打水技术比较多，在女运动员比赛中较多的是采用两次打水技术，并且可以获得比较好的成绩。

采用六次打水配合技术，可以保证身体有更好的平衡性，并且能够促使臂腿动作协调。采用四次打水配合技术能够减少腿承受的负担，使手臂划水频率加快，更好地促使臂部动作。两次打水配合技术可以最大限度地减少腿承受的负担，并且可以加快手臂划水的频率，更好地发挥臂部动作，但是一定要使臂部与腿部的动作相互协调，并且要与两个手臂划水技术相配合。

在自由泳中用腿两次打水技术主要有以下 3 种方法：

纯粹的两次打水：要保持两条腿打水动作均匀有规律，当右手手臂进入水中时，左腿应该开始打水；当右手手臂开始滑行至腹部下方时，右腿开始打水。也就是说，当左臂入水时要开始右腿打水动作；当左臂移动到腹部下方时，要开始左腿打水动作。

拖腿的两次打水方法：这种方式打水技术比纯粹的两次打水技术幅度要小一些。为了更好地配合两个手臂划水节奏，在进行两次打水动作时，两个脚掌还要有并拢的动作，同时还要有拖腿动作，以及两次左右的无意识打水小幅度动作。

交叉打水夹杂两次打水的方法：为了更好地配合手臂划水动作，要随着身体转动，进行两次打水时略微夹杂着向身体侧方的交叉打水，以及必要的拖水动作，这种打水的方式比纯粹两次打水动作幅度小。一般来说，采用两次打水方法的运动员臂部力量较大，两个手臂的配合为中交叉和后交叉。

在自由泳练习时，一般情况下两个手臂在各自滑行一次中要进行一次吸气。下面以右边吸气为准，举例说明：当右手进入水中时，鼻子和嘴巴开始进行呼气。当右手臂划到肩膀下方的时候，要开始向右方转头并增加呼气量。当右手臂推水就要结束的时候，要用力呼气。当右臂出水时，要张开嘴吸气，到在空中移臂的前半部分为止，这时开始转头，并回到原来的样子。然后，直到手臂入水结束，这里有一个较为短暂的过程，叫作闭气。在闭气时，脸部要转向前下方。当头部位置稳定时，右手臂再进入水中，然后开始下一轮呼气过程。

自由泳中，臂腿呼吸配合技术对于初学者来说，一般是运用1∶2∶6的方式，也就是每呼吸一次，要划臂两次，用腿打水六次，采用这种方式进行自由泳，可以保持身体平衡，同时还可以快速掌

握自由泳的更多技术。

1. 臂腿呼吸配合的练习

（1）首先站在水中，使身体上部分向前方略微倾斜，并且做出与呼吸和划臂相配合的动作，借助划水的力量向前方移动身体，然后迅速蹬离游泳池的底部，两条腿打水并形成相互配合技术。

（2）沿着游泳池边进行滑行，打水漂浮大约 10 米，同时做自由泳呼吸与划臂相配合的练习。

**小贴士**

1. 臂腿呼吸配合技术主要是对身体平衡性的练习，在练习时要确保躯干围着身体轴心转动。

2. 在打水时要保证肘部不低于肩膀，否则不仅会很难前行，还会使身体后退。

3. 要明白呼吸时间，在划臂以后迅速吸气，然后再吐气，进行连贯循环的动作和呼气。

2. 手臂与呼吸配合的练习

在陆地上进行练习和模仿

（1）站在地面上，两只脚分开，身体上方向前倾斜，做手臂划水模仿性练习。

（2）在上面练习的基础上加上呼吸技巧，进行相互配合，通过多次练习寻找技巧。

在水中练习手臂与呼吸的配合技术

（1）站在水中，上半身向前方倾斜，使肩部浸入水中，同时做划臂动作，一边做一边走路，同时还要转头进行呼吸。

（2）在蹬离泳池边缘以后，开始闭气，两个手臂做配合动作。

（3）用自己的腿夹住打水板，脚蹬离池底进行滑行以后，两个手臂做划水状，同时进行转头呼吸技术。

3．自由泳呼吸配合的练习综述

要做好自由泳配合练习，首先要掌握好换气时的节奏感，这里的节奏一般是进行三次划水换气一次，或者一次划水换气一次，具体换气次数是依据每一个人的肺活量大小来确定的，但是要保持一定的节奏，也就是说换气的次数一定要固定好，要控制好呼吸。

对于短距离自由泳来说，一般运动员可以 50 米不换气，或者是 50 米之内只换气一次或者两次，这样就可以节省很多时间。但是长距离的自由泳需要运用换气对速度和节奏进行调节，所以说把握好换气节奏非常重要。掌握好呼吸不仅可以减少自由泳时体力的消耗，还可以调整速度。在进行自由泳完整动作练习时，要保持好以 400 米为一个阶段，当第一个 400 米结束以后，要进行总结，对换气时不顺以及训练中姿势别扭等问题进行分析，找出原因并改正。这个阶段的距离长短可以根据个人体力大小进行适当改变。

## ❖ 自由泳动作技术问答

问题一：在进行自由泳的练习时，腿打不起来，并且游得很费力，这个问题应该怎么克服呢？

回答：腿打不起来的原因有好几种，最为平常的是身体太过放松，导致腰部下沉。在练习时，最好要使身体适度绷紧，尤其是腰部，不可以过于下沉，这样才可以使双腿更顺利地打水。在进行打水时可以想象自己的两条腿就是两条鞭子，如果过于柔软肯定打不起来。要试着体会用自己的大腿带动小腿，把脚尖绷直，不能随意扭动身体。克服这个问题最好的办法就是反复练习浮板打水。

问题二：在进行自由泳换气时感觉身体沉在水中，迫使自己下意识向前方伸臂去划水，导致前交叉不成功，这个问题怎么解决呢？

回答：导致身体下沉的原因有 3 种：

1. 在呼吸时抬头。正确呼吸的姿势是转头时进行换气，转头换气时嘴和下巴刚好在水面。要把握好力度。

2. 打水的动作不到位，效果不好。自由泳中打水时为了保持身体平衡向前进，这个时候身体的重心是在上半身，臀部一定要适当转动，这样才能有效进行换气呼吸。

3. 划水和换气的配合不到位。要尽量多练习单臂划水动作，这个动作练习对换气和划水的配合很有效。

问题三：在进行自由泳的换气时，向右侧换气的时候，鼻孔里面总是进水，特别是左侧鼻孔，怎么克服呢？

回答：要调整换气和呼吸，在转头的时候呼吸，当在水下呼吸时要用鼻子和口同时进行。

问题四：在夏季正午或者夜晚游泳，是不是更有利于消暑？

回答：不是。一般来说，夏季正午是一个人体力和精神最差的时候，不应该为了一时凉快而下水游泳。同时夜晚游泳比较危险，一旦发生溺水，就连施救也很困难。所以尽量不要在夏季正午和夜晚去游泳。最佳的游泳时间是下午 4 点到 5 点。

问题五：未成年人去游泳应该注意什么事项？

回答：未成年人因为在体力上没有成年人强，所以他们一定要在家长或者老师的看管下游泳，不能到深水区去游泳。同时在游泳之前要做一定的热身运动和准备活动，以防游泳时抽筋。

问题六：发现自己溺水应该怎么办？对于溺水者我们如何施救？

回答：当发生溺水时，一定不要慌张，要及时向周围的人呼救，要使全身尽量放松，以便更好地漂浮在水面，把自己的头部浮出水面，不断用脚踢水，同时要保持体力，不要过度丧失体力，等待救援。当身体向下沉时，可以将自己的手掌向下方压。如果在水中出现抽筋现象，并且又不能及时靠岸时，要立即求救。如果周围没有人，可以自己深深吸一口气，然后潜入水中，把抽筋的腿伸直，用手向上方扳脚趾。

对于溺水者救援，最重要的就是一定不要正面接触溺水者，防止被溺水者抱住两人同时下沉。在救援时，最好要随身带着救生圈以及一些救援的器材，假如被溺水者抱住了，急救者应该及时松开手，先跟溺水者脱离，之后再救，或者是用力推溺水者的脸，使其松开手，然后再施救。当把溺水者拖上岸之后，急救者要一条腿跪在地上，另一条腿弯曲膝盖，把溺水者的腹部横着放在自己的大腿上，让溺水者的头部下沉，并同时按压其背部，使其胃里面的积水排出来。在必要时要进行口对口人工呼吸以及对其心脏的按压。

# 第四章

# 自由泳练习动作

## 熟悉水性练习

学习自由泳前的准备：

救生圈、自由泳池壁、教练或者朋友。

步骤：

一般情况下学习自由泳的水池都会有浅水区。一些最初学习自由泳的人可以在浅水区练习，有助于减少恐惧感。可以扶着自由泳池壁，让水从自己的肚子上面淹没，在刚开始的时候可以用两只手紧紧扶着自由泳池的池壁，然后逐渐放松，单手扶着池壁做划水动作，或者是在水中逐渐小跳。当对水的阻力和浮力有了一定的了解后，自己要逐渐进行小幅度的水中运动，这个时候不要去水太深的区域，以防被水呛，加大恐惧感。

当你对水有一定的了解后，可以进行划水练习，要保证身体漂浮。最简单的方法就是在游泳池中水的高度刚好和自己胸部相平的时候，通过手部划水，同时用脚蹬离池底进行漂浮练习。

踏水的练习，主要就是利用脚部的运动促使身体在水面漂浮，使手部做其他方面的动作。例如，在救助溺水者的时候，主要是借助身体浮力，而身体浮力又是靠脚来给予的。

通过以上基本事项的学习，再进行自由泳练习将会容易很多。当你可以保证身体在水面漂浮的时候，基本上就可以学习仰泳或者水面移动了。

小贴士

那些最初练习自由泳的人，一定要首先了解水性，先学习脚部和手部在水中移动时的动力和浮力，只有这样才可以更好地学习自由泳。那些追求更多自由泳乐趣的人，或者是带有健身目的的人，则需要进行更多动作的练习和学习。

注意事项：



1．在下水练习时，一定不能是太饿或者太饱。要注意吃完饭一小时之后才可以下水练习，这样可以防止抽筋。

2．在下水之前要试着了解水的温度，如果水温太低最好不要下水。

3．在下水之前要观察水域周围的环境，如果有禁止或危险警告，一定不要在这里游泳。

4．一定不可以在自己不清楚的峡谷中进行自由泳练习。因为这些地方水的深浅不一样，而且水中也很可能有障碍物，在这些地方自由泳很不安全。



5．在进水之前一定要保证水的深度有3米，并且下面没有水草、岩石以及其他障碍物。另外，要用脚先进入水中了解情况，不要直接扑进水中。

6. 如果是在海中进行自由泳，一定要顺着海岸线，与海岸线平行方向自由泳，一些精力不充沛或者是技术不到位者，一定不要去水深的地方。要在海岸线的地方做一个标记，注意自己是否被冲出去或者是游出太远，如果是的话要立即调整方向，保证安全最重要。

## 自由泳的基础——呼吸技术

自由泳练习有一个很好的秘诀，就是呼气，当你在自由泳时，除了转头基本是在呼气了，可以通过嘴巴或者是鼻孔两侧进行呼气，当脸部进入水中时，你所有的呼气都应该是在气泡流中进行。最初学习自由泳的人一般很少能够在水中进行正确的呼吸。呼吸是一个非常重要的自由泳技巧，正确呼吸可以保持身体在水中有较好的平衡性，可以让你在游泳时全身放松。那么我们应该怎样

进行呼吸呢？

当一个自由泳者在进行转身呼气时，我们从岸边上看，如果能够看到自由泳者的嘴里吐出水花，那么这就是一个错误的呼气，是典型呼吸较晚的标志。在呼气时要根据转身的动作合理确定时间，呼气过晚会导致身体不平衡，在水中不能快速前进。

### ❖ 自由泳呼吸动作

在自由泳中，呼吸动作频率的快慢取决于自由泳动作的速率。一般情况下，在两个手臂各划水一次，然后做一次吸气、闭气、呼气的动作。下面以配合右臂动作为例讲解：

1. 在自由泳练习时，当右臂划水到肩膀下方时，开始呼气，在呼气的同时向右方转头，当右边手臂推水结束时把肘部提出水。

2. 这时要向右方转头促使嘴部露出水面，用力去完成呼吸动作，然后再用嘴迅速吸气，当移臂超过肩部时吸气结束。

3. 然后闭气，同时把头部转正，当右部的手臂划水到肩膀下方时再进行第二次吸气、呼气、闭气过程，就这样进行循环动作。

不间断呼气具有很重要的作用，是拥有良好自由泳技术的基础。

1. 当你在进行自由泳屏气时会感觉到紧张，但是当你进行呼吸并且呼吸开以后会把这种紧张的感觉释放。要想象着自己正在经历着一个非常紧张的事情，然后有人告诉你进行深呼吸，你会感觉好点。在你感觉好的时候其实并不是你吸气的时候，而是你吐气的时候。屏住呼吸让自己紧张，对于自由泳来说并不是一件好事。当你在屏住呼吸时，你会感觉需要吸气，但是并不是缺氧，而是因为具有一定的二氧化碳，通过呼吸的屏蔽，把二氧化碳堆积在肺和血管里面。这才是真正导致你想呼气的原因。

2. 在自由泳时不断向外面吐气，会使你感觉更好，因为你消灭了二氧化碳，不再需要大量空气。

3. 拥有一个全部是气体的肺，对自由泳练习者来说是非常不利的，因为这会造成胸部浮力增大，并且还会使腿部产生更大阻力，不利于身体前行。

4. 很多自由泳者都会在他们进行转头呼吸的时候呼气，也就是在嘴露出水面的时候进行呼气，这是非常糟糕的。

在进行自由泳时一定要切记，不能紧张，不管遇到什么样的问题都不可以紧张，要冷静对待。紧张对于自由泳练习者非常不利，一旦紧张就会不自觉地抬高头部，导致身体位置被破坏。同时紧张还让人对水没有足够的信任感，对我们享受游泳过程有阻碍作用。

当我们屏住呼吸时，会导致过量的二氧化碳进入血管和肺中，

这时候会对有氧要求有损害。在同样速度下进行自由泳，屏住呼吸时游泳会变得非常困难。这个体验可以在你进行其他有氧运动时，屏住呼吸3秒钟，然后当你在做下一次憋气时，突然进行呼气和吸气，你可以体会到那种感觉。所以说没有一个正确的呼吸技巧将会造成换气困难，因为憋气造成二氧化碳积聚，让你有种呼吸困难的感觉，在这种情况下，一般的自由泳运动员会进行单侧换气，运用他们认为比较舒服的一侧。但是单侧换气会使我们的滑行变得非常不平衡，因为不呼吸的那一侧，会使身体的滚动变弱，也会使回臂在比较低的水面摆动。另外，还会出现一系列的不适感，这些问题归根结底都是呼吸不好造成的。要想具有一个对称又平衡的自由泳技术，最关键的是进行双侧呼吸，进行双侧换气最核心的就是当脸进到水中时就要开始不间断呼气。

### ❖ 双侧换气练习步骤

1. 要练习把气吐入水中，在这个过程中要放松自己。这个过程听起来很简单，但是需要进行反复练习，直到形成习惯，而且这种习惯还比较持久。最好的建议是对下沉进行一定时间的练习，通过下沉发展一种更新并且适合自己的呼吸，促使自己在水中更加放松。

2. 学会下沉。在自由泳池中的深水区踩水，当做好准备之后，吸一口气，然后迅速下沉，当自己的头部进入水中之后立刻开始用嘴或者鼻子进行呼气。这里不管采用哪一种方式都行，但是要确保自己可以立刻呼出气。

3. 当下沉练习到一定程度的时候，要培养自己对水的感觉。当我们习惯于在水中，并且对水有一种愉悦感时，对我们的游泳将会有很大的帮助。当自己感觉做得足够好时，可以尝试坐在自由泳池

的池底，仔细观察自己吐出去的气泡逐渐升到水面，或者是仰卧在游泳池底观察。

小贴士

1. 对于初学自由泳的人来说，下沉练习非常重要，如果在水中会比较紧张，那就从浅水区开始练习。可以蹲着使自己的头部深入水面以下，当对这个动作习惯了以后再到水的地方深，直至最后可以完全自己下沉。

2. 在每一次开始游泳时，都要做下沉练习，可以调整对水的适应并且释放紧张感。不论技术高低，练习这个动作对自由泳都非常有利。

3. 很多自由泳者往往意识到呼吸技术是自由泳中最基本的技术，但是却总是只关心吸气而忘记了呼气，在下沉的练习中要把重点放在呼气上，这样才会对学好自由泳有更大的好处。

自由泳换气是比较关键的技术，对于一些初学者和中级水平的自由泳者来说，具有一种较好的换气技术是一个比较大的挑战。换气好坏直接影响到自由泳划水技术，例如，换气很有可能会导致剪刀腿，还可以造成身体位置不好，过度交叉以及划水畸形等。

## ❖ 提高换气效果的技巧

1. 换气的重点在于呼气，而不是吸气。进行自由泳最常见的是在水下呼气，如果水下呼气开始的时间适中，那么在即将要换气的时候就不得不进行吸气动作，这样会使吸气变得更容易，并且会使你更容易放松，对你进行双侧换气有很大的好处。

2. 没有进行换气时要保持头部稳定。在进行自由泳时要尽量保证自己头部稳定，不能使头部像身体一样滚动。头部的滚动会使你产生头晕的感觉，并且可以破坏你身体的平衡性。保持头部稳定可以使自己的注意力集中于池底某一个点。要保证只有在换气的时候才转动自己的头部。

3. 让呼吸进入口袋，涡流就是你的好朋友。当自己的身体和头部在水中移动时，会在水中产生一种“涡流”，就像是一艘小船产生的漩涡一样，其表示的水位会随着游泳者面部下降，这就使得自己的头部两侧和身体有一个凹槽，这个凹槽是位于自由泳池水面的下方。

这里要注意，一定要在这个凹槽里面呼吸，不要抬头吸气。很多时候进行自由泳的人把凹槽称为“呼吸进口袋”，主要是因为看起来它就像是在你头部边缘的空气袋。很多游泳者没有注意到这个涡流的存在，所以他们抬头、挣扎或者是过度转头去换气，这是非常严重的错误，在练习中一定要避免。

4. 要保证不抬头。抬头呼吸会造成身体下沉和不稳定，同时还会给身体增加一定的阻力。在自由泳的过程中可以借助头部周围的空气袋和凹槽进行换气,但是一定不能抬头。抬头会扰乱身边的涡流，使水槽减少。同时在抬头时会使换气比较远，要尝试着在涡流上方换气，抬头只会扰乱涡流，并且产生恶性循环。切记要保持头部位置足够低。

5. 不要过度转头。这个问题和抬头一样，转头过多会促使你在换气的时候向上方看，不仅会导致抬头，还会导致身体失衡。正确的做法是换气时向侧面看。这个情况下为了更好地支撑身体，你会让引导的手臂超过头部交叉，也就是说过中线，促使自己的身体呈香蕉状，就造成了身体像蛇一样从一边扭向另一边，类似剪刀腿。为了纠正这个错误，你必须练习在凹槽中自由呼吸，当练习习惯了

以后，自然会适应。当你在试着进行换气时，要保持自己位置比较低的那一块游泳镜在水里面，因为这样才会保证在游泳时自己的一只眼睛位于水面之下，而另一只眼睛位于水面之上。

这个动作做好的程度应该是这样的，当你在游泳池的一侧靠近边缘的位置自由泳时，如果有一个人在你游泳池外面边缘行走，而他脚步的位置和你肩膀部位相当，那么在你游泳换气和转头时，应该正好可以看见他脚步的位置。

另外，如果在进行自由泳时感觉到脖子较疼而且特别僵硬，那么一定是你在进行换气时抬头或者转头过度导致的，因为这样会导致颈部肌肉的压力增大，只要勤奋练习提高呼吸技术，脖子疼痛和僵硬就会迅速消失。

6. 在自由泳时身体转动不到位会破坏呼吸。身体转动适当对于换气将会有很大的好处。因为在转身之后，进行换气时就不用过多地转动头部。相反，身体转动不好会直接影响换气，导致身体不平衡，不利于前进。

7. 要学会进行双侧换气。学会双侧换气对自由泳具有很大的作用，它是一种投资，对以后的自由泳非常有利。它对一种对称性的划水技术开发很有效，在自由泳时对称划水会使身体呈一条直线，有利于快速前进。如果在游泳时只是单侧换气，很多时候会造成身体在另一侧转动不到位，不利于直线式地游泳，所以学会双侧换气很重要。

## ❖ 换气技巧总结



1. 要专注呼气，而不是吸气。
2. 在不换气的时候要保持头部稳定。

3. 在涡流的小洞中进行呼吸。

4. 切记不要抬头。

5. 不可以过度转头。

6. 身体转动有规律。

7. 试着学习双侧换气。

### ❖ 自由泳打水和呼吸动作

目的：主要练习自由泳的呼吸技巧，并且对练习自由泳时如何控制头部和身体进行介绍。

动作要领：

1. 戴上脚蹼，用一个手臂扶着较小打水板的尾部，4 个手指在上方，用自己的拇指捏住打水板，另一个手臂放在身体一侧。

2. 这个时候可以开始打水了，保持两个眼睛与水面平行，并且目视正前方，这个姿势做 3 次。注意这里最好是要呼吸均匀，并且要呼出一串气泡。

3. 使身体在向前方伸出手臂的地方转动。

4. 两个肩膀向扶着打水板的手臂方向转动，当转过以后对侧的肩膀应该露出水面更高一些，并且与水面垂直，这时身体应该呈侧卧的状态。

5. 让头部漂浮在水面，使耳朵沉没在水中，眼角在水的外面，当用嘴进行吸气时，嘴角可以在水面。

6. 当吸气完成以后，身体要回到原来俯卧的姿势，对这个动作进行重复练习。眼睛始终要与水面平行。

注意事项：

1. 保持眼睛和水面平行，不能向下方看，否则身体的阻力会增大，还会减慢游泳的速度，浪费身体内的能量。

2. 不单单要转动颈部，还要转动自己的身体，要促使一侧肩膀升得足够高。

3. 要控制好头部的位置。

4. 在进行吸气时要使眼睛看向水面。

**小贴士**

在练习时要学着向身体两侧进行转动，以便对身体两侧转动的呼吸进行适应。

### ❖ 水下移臂以及两侧的呼吸动作

目的：更好地掌握在身体两侧的呼吸节奏和正确的呼吸时机，这个动作同时也是对自由泳划水动作练习的好方法。

动作要领：

1. 在进行练习之前，要想象自己在做跷跷板的动作。在对这个动作进行练习时我们的手臂将会像压跷跷板一样在同一个时间向不同的方向去移动，也就是当一个手臂向前移动时，另一个手臂向后移动。

2. 戴上脚蹼，进行打水动作，一个手臂向前方伸，另一个手臂放在身体的一侧，使手掌心朝向大腿，头部略微向上方抬，同时要使眼睛与水面相接近。

3. 当两个手臂在下水时要向相反方向进行移动，在两个手臂进行换位时要尽量伸直。保持一侧肩膀在水面上方。

4. 在两个手臂进行前后伸直时要同时数 1，当两个手臂换位时要同时数 2，在第三次进行换位时身体要向一侧转并吸气，当数到

3 的时候，身体应该是侧卧位的状态。身体和头部姿势应该像上方的姿势一样。当两个手臂开始再次换位时，身体要转回俯卧的姿势，要从头开始数 1。按照这样的标准进行反复练习。

注意事项：

1. 使头部的姿势保持位置足够高。
2. 在对每一个动作进行运动时要保持身体完全打开。
3. 当身体在伸展时，一侧肩膀要处于较高的位置。
4. 对这个动作反复练习，在练习的途中不可停止。

小贴士

在对这个动作进行练习时，在脑中回想着华尔兹音乐，就好像是跳着舞蹈那样，到第三拍的时候开始吸气。

## 提高安全感——出发技术（转身技术、水中站立技术）

### ❖ 转身技术

1. 自由泳转身要领

使自己上半身向下方，并且进行扭腰和蹬离池底的动作，然后运用向下的方式恢复刚开始游泳的姿势。这也就是说在刚开始的时候，我们是面部朝向着泳池底部，在蹬出去的时候，一方面向前方冲，另一方面转回原来面部朝着池底的姿势，这样游泳会提高自身的安全感，有利于快速前进。

（1）当靠近泳池壁大约 3 米时，要快速调整距离，并且要决定划水次数。

（2）在进行自由泳的练习时，会因为每一个人身高和速度的不

自
由
泳

同导致靠近池壁的距离不同，可以在大概接近池壁 1 米的时候，迅猛潜入进去。这个距离可以用手臂量出来，有时候可能会没有办法判断出什么时候或者是左手还是右手手臂会碰到池壁，所以在练习时要对两只手都加以锻炼。

（3）在进行潜水时，要记住头部需要跟随手部潜入水中，保持自己的左手贴着身体。

（4）一方面把头部摆平，朝着前进的方向，另一方面用右手推水，促使身体快速转过来，在这个时候保持双手手掌向下方。

（5）把自己的头部向下方稍微移动，用手掌把水向下压，以腰部为中心进行回转。

（6）当回转到位以后，膝盖稍微弯曲，一方面扭动腰部，一方面把自己的脚部移动到自由泳池壁边缘，这个时候身体应该是横向的，两个脚的脚趾是朝着游泳池壁方向。

（7）伸直膝盖，把左手臂放在头部后方，压住头的后面然后伸直，把左手和右手紧紧相叠。

（8）使身体的上半部分向上方，一边扭动腰部，一边用脚步蹬着池底并迅速离开，然后运用向下方的姿势恢复刚开始游泳的姿势。这也就是说，原来是面部朝着游泳池的边缘，在蹬离水底时，一面向前方冲，另一方面要转回原来面部朝向池底的状态。

2. 自由泳转身中 5 个为什么

（1）转身水中动作

转身的规则中为什么要运用滚转的方式？

自由泳的游泳规则是只要求身体的一部分能够接触到游泳池的池壁就可以了（即便是用头去撞池壁也可以，当然我们不会这样做）。滚转是为了更迅速地改变前进方式，在所有方式中，滚转是改变前

进方式最快的动作，所以现在基本上是运用轻触转身（也就是快速转身）方式。所以叫作滚转。

（2）转身距离

有人说在转身时翻滚得太远容易踢不到，但是靠得太近也不利于游泳，那么适合的距离到底是多远呢？我们可以用什么方式估计？

在前面的介绍中我们说过，转身的距离会因为每一个人身高不同，也会因为自由泳的速度不同而不同，当游泳速度较快时，距离可以拉得长一点，而游泳速度慢时，距离就可以拉得近一点。远近具体的问题是需要根据自身情况而定的，要多进行锻炼，找感觉，养成一种习惯很重要。一般情况下，在距离游泳池壁 5 米的部分会有标志线，当你游泳到这个地方的时候就可以开始调整划水了。如果认为距离太远没有办法估算时，也可以再接近一点，靠近水道终端的标志线（距离池壁 2 米，也就是 T 字处）的时候调整划水。

（3）头的角度

在距离自由泳池壁大约 2 米的地方，可以将头部埋入水中，但是要注意不是向身体正下方埋头，要稍收下颌，好像是身体从腰部开始弯曲并折成了两截，把头放到脚的方向。如果不这样做的话，就会导致转一大圈，经过池的底部转上来。同时为了增加转身时产生更多力量，在转身的一瞬间，可以采用海豚式打水方式。

（4）在转身时脚是伸直状态还是弯曲状态

当脚从里面朝着自由泳池壁时是弯曲的状态，不能够伸直，因为一旦伸直，就会形成很大的漩涡，虽然脚尖会动得比较快，但是形成大漩涡会浪费很多的时间。另外，当脚碰到池的边缘时，只有先弯曲才可以蹬池壁，这就会浪费很多时间。如果你弯曲膝盖的时间太早了，就会导致身体转动时变得比较迟钝，所以一定要等到脚露出水面时，才开始弯曲膝盖。

小贴士

这一步主要是当头部向下方压时，腰部弯曲，转身，头部向脚方向靠拢的时候，要保持脚在水里面，并且处于伸直并拢的状态，不要弯曲，当脚露出水面的一瞬间快速弯曲膝盖并迅速弹过去。

（5）在转身时手部是放在什么地方的

在前面的动作要领介绍里面说过，在转身时为了能够增加身体的力量，手部要迅速往身体后面拨水，所以在转身时手部应该位于头部上方。如果把手放在头部上方不习惯的话，可以让手和身体一起转，当脚与池壁接触时，把手放在身体的一侧。因为后面说的在碰触到池壁并出发的时候才把手部伸到头上，这样会浪费很多时间，所以还是把手部保持在头部的上方，这样更有利于提高自由泳速度。另外，当手部在头上方时，手掌向上并拢，保持这个姿势放在头部上方。

## ❖ 水中站立技术

1. 水中站立

（1）在自由泳的练习中，水中站立是第一步。因为在游泳时，我们的身体是横向的，需要横在水面，如果不会站立就会没有安全感，在游泳时很容易产生慌乱的感觉。

（2）对于初学者来说，可以自己拿着一个游泳圈或者是浮板，当蹬离泳池壁时，把头埋在水中，两个手臂向前方伸直，身体伸直，试着向前方滑行。

（3）当你想要停止游泳或者站立时，要立即收腿，使身体抱团。由于人腿部的密度相对来说较大，身体处于自然垂直，这个时候向下方伸腿，可以踩到游泳池的底部，然后站立。

小贴士

1. 对水中站立进行练习主要是为了提高在自由泳时的安全感。

2. 在练习时要先从分解动作开始练习，由于手部比较灵敏，做动作也比较容易，所以要先练习腿部动作，水中站立是练习的开始，要对这个动作反复练习，为以后打基础。

3. 学习自由泳要克服心理恐惧，先熟悉水性，对水有一个适应性，这样就不容易出意外。

4. 要把基础性的动作练习好，例如，水中摔倒后的站立技巧、出发时的站立技巧等。

2. 自由泳应该把头放低

（1）自由泳中，头部的位置很重要，因为头部位置较高的话，很容易使身体和腿部下沉，使身体阻力增大。正确的方法应该是把头部放得足够低，这样就可以使身体髋关节逐渐升高，促使整个身体与水面平行，水可以从身体的上方和周围很顺畅地通过。

（2）自由泳呼吸的时候不要抬头，而是要转头，当你一侧手划水结束时，开始向同一侧转头然后呼吸。当手臂从水面移动到头部位置时，使头部转入水中，然后保持刚开始的姿势。要保证能够在水中吐气，这样就可以利用水面的小部分时间来吸收足够的空气。

（3）自由泳中打腿的动作也很重要，要把两条腿伸直，使自己的踝关节处于放松姿态，用大腿的力量带动小腿。如果你感觉到大腿很累，那就说明动作是对的；如果感觉小腿比较累，那就说明你需要把自己的动作纠正一下了。打腿高效、轻松的关键是使踝关节能够放松。如果感觉水从自己的双脚脚趾间流过，就说明踝关节是放松的。

小贴士

1. 一般情况下，自由泳中平均两次划水、六次打腿是最合理的频率。

2. 如果想要双臂的动作加快，就一定要先加快两条腿打水的频率。

3. 要注意，很多人认为在手臂开始发力以后就开始停止打腿了，这种观点是不对的，要记住，不管手臂做的什么动作，打腿是不能停止的。

（4）要想在自由泳时两个手臂配合得当，首先是要使自己的身体在水中保持平衡。手臂发力的开始是划到腰间时，在发力时手要向后方推水，直到手臂伸直，这时可以把对水的作用时间延长。另外，在划水的时候手臂一定要加速，否则将不会有真正的推力产生。

## 关键技巧——滑行

在自由泳滑行练习的初期，切不可追求动作快，要在循序渐进中掌握要领，保持一个基本速度较慢的过程来练习。在进行平滑时，手臂可以进行自由的动作，例如，抱水、推水、拉水、抓水，然后再出水向前方伸手臂，接着进行下一个滑行动作。注意在滑行的时候一定要保持身体放松，使身体处于相对比较自由的状态，感觉到水很柔和地从身体上面流过去。另一个平滑的感觉是，你有一种很明显腿被拖动的感觉，只是在需要的时候通过腰部力量来推水。

小贴士

只有进行慢速练习，把所有的姿势掌握到位，才可以为以后的练习做铺垫。

## ❖ 滑行技术要领

1．要掌握好两个手臂的配合技术，要首先保持身体在水中的平衡。

2．要保持一个手臂划水结束时与另一个手臂开始划水之间的平衡，这样能够帮助练习者提高在水中滑行的能力，保持在水中如幽灵般不留痕迹，而且不费力地滑行。

3．保持动量，配合良好的身体流线型是克服阻力很好的方法。

4．在划水时要保持身体平衡，并且保持转动时身体整体的平衡性，这样才能使两个手臂配合得更好。

5．当身体平衡时，两个手臂配合较好，就可以在自由泳时保持身体的总动量平衡。而滑行的结果就是我们所说的幽灵般滑行。要记住这样一句话，能够用眼睛看见的用力一般都是徒劳性的用力，而这种用力只是用来跟自己作对的。所以我们要把握用力的度和分寸。

## ❖ 滑行漂浮的练习

步骤：

1．滑行蹬边的漂浮练习

（1）身体背向泳池一边，一个手臂扶着泳池边缘，另一个手臂向身体前方伸，同时一个脚要处于站立姿势，另一个脚位于泳池边缘。

（2）深深吸一口气，然后低头，使身体的上半部分在水中呈向前方俯卧的姿势，小腿和大腿要尽量收紧并且保持臀部靠近泳池边缘，两只脚掌要贴住自由泳池边缘。

（3）扶着自由泳池边的手臂要向前方游动与前方的手臂成并拢动作，同时头部夹在两个手臂中间，这个时候两只脚要用力向后方蹬出去，让身体呈流线型，迅速向前方滑行。

小贴士

当脚蹬离泳池壁以后，要保持身体充分展开，并且还要让身体适当放松。

2. 蹬底滑行的漂浮性练习

（1）保持两个脚呈前后的开立姿势，两个手臂向上方举。

（2）深深吸一口吸气，然后使身体上半部分向前方倒，当肩部、头部浸入水中时，你脚掌前半部分要用力向后方蹬离泳池的底部。

（3）蹬离池底后，两只脚要迅速并拢，促使身体呈流线型，迅速向前方滑行。

## 结束动作

### ❖ 自由泳的踩水技巧

踩水属于较简单的自由泳结束动作。一般练习自由泳的人都应该学会踩水技术，防止发生意外时可以处理简单状况、呼救或者等待救援。

在踩水的时候要首先使自己的身体能够直立在水里面，或者是身体略微向前方倾斜，使头部露出水面，这个时候膝关节和髋关节应该是稍微弯曲状态。主要是靠腿部的动作来保持身体平衡，手臂的力量很小，在进行水中作业或者是救生时手部还有其他动作要做。

具体步骤：

1. 两条腿的动作可以在同一时间进行，也可以交替着进行。如果在同一时间蹬水，其动作与蛙泳动作相似，但是方向并不相同，其方向主要是向下方，两条腿的幅度比较小。在两条腿没有完全蹬直就已经开始收腿了，动作具有一定的连贯性，没有蛙泳中间的停顿。

2. 两条腿在水中交替着使身体能够在水中保持平衡，并且保证不会有大的起伏。先让右腿的膝盖弯曲，右边的小腿和脚向外翻，用右边小腿内侧和右边的脚掌向下方夹水，注意不要等腿部完全伸直就开始向后面伸小腿，在做这个动作的同时左腿要蹬水，两条腿交替动作。

3. 手臂可以根据需要进行划水，可以进行单臂划水，也可以进行双臂交替划水和双臂同时划水。在拨水时，要使双臂在胸前方平行弯曲，保持手心向下方，肘关节稍微弯曲，前臂和手在胸前做向内部或者向外部的“8”字形拨水动作。要记住，动作的幅度不能太大，在外部拨水的时候，掌心要向着外部下方；在向内部拨水的时候，掌心要向着内部下方。

小贴士

两条腿同时蹬水时动作是比较简单的，更容易理解和掌握，但是当身体在水中进行上下起伏时，保持幅度较大，如果动作的连贯性差或者是不连贯，就容易造成头部深入水中产生呛水现象。所以这一点要注意，尽可能避免出现意外。

自由泳的练习中，我们学过那么多动作要领，最主要的目的就是提高游泳的速度。提高速度是我们最终练习的结果和目的。那么怎样提高速度，不只是从一个方面来练习的，需要我们从多个方面综合下手，需要水中优化练习和陆地模仿练习相结合进行。但是在练习时提高速度也有一定的方法和技巧，下面让我们来练习几个对提高速度有效的方法。

## ❖ 自由泳练习提高速度的方法

1. 在自由泳练习时，首先要保持全身放松，要给自己一个标准，以 25 米或者是 50 米为一个标准，来计算在游泳时划臂的次数以及每一次进行划臂时出水和入水的时间。

小贴士

这个动作中如果有人帮你计算更好，如果没有就自行用心计算，这在以后有很大的用处。

2. 在第一步计算划臂次数的基础上，试着减少这个次数，但是要对每一次划臂的力度加大，同时还要把划水的速度放慢。以 25 米或者是 50 米为一个标准，用来计算自己划臂次数以及每一次划臂时出水和入水的时间。

3. 把大腿的动作停止，只是做划臂一个动作，在每一次划臂之后使自己的身体保持自然滑行，然后进行下一次的划臂，对这个动作进行反复练习。

4. 在第三步的基础上加入打腿动作，但是打水时不需要幅度太大，要注意在打腿时保持节奏，在做动作时使身体处于放松状态。以 25 米或者是 50 米为一个标准，来计算自己的划臂次数以及每一次划臂出水和入水的时间。这个步骤里面计算出来的结果应该比上面计算出来的划臂次数要少，但是划水的效果要好。

1. 这种练习主要是对划臂速度练习。要强化划臂的速度，然后对划臂效果和力度加强把握。

2. 在这个基础上，如果把划水的力度加大或者是把划水的频率提升，也会有利于提高自由泳的速度。

## 完整配合技术

自由泳的练习比较随意，没有其他游泳要求严格，但是要知道快速自由泳也需要配合一定的技巧，需要进行反复练习，从中寻找出适合自己的方法。同时要对每一个技术要领进行反复练习和琢磨，体会正确的动作。

## ❖ 自由泳身体技术练习配合招式之一

1．头部升降的练习

练习目的：为了能够更好地控制身体，提高身体自控能力，保持头部稳定协调。

练习方法：

（1）自由泳中游进时，抬起头部。

（2）头部抬起位置正确的应该是嘴在水面、下巴在水面、头顶在水面、鼻子在水面。

（3）对于这个练习来说，可以在任何一个距离进行，但是一定要把这段距离进行划分，一般分为 4 个小段。

2．戴呼吸管的练习

练习目的：为了能够更好地保持头部位置的稳定和协调。

练习方法：

（1）备一根可以牵引你前进的绳子。

（2）把牵引绳拴在自由泳池的旁边。

（3）将牵引绳拉开并拉到一定距离。

（4）利用牵引绳收缩产生的力量，开始向水池旁边前进。

3．狗刨的练习方式

练习目的：提高划臂的技巧。

练习方法：

（1）抬起头部，两个手臂向外侧划，做狗刨的动作。

（2）在做狗刨划水动作时，采用高肘划水动作。

（3）在上面动作的基础上，进行自由划水动作，移臂时要从水下进行。

（4）在移臂时要把手指贴在水面。

（5）在运动时注意全身协调性配合。

4. 单腿打腿动作的练习

练习目的：对腿部进行强化，使一条腿能够迅速和连续地打水。

练习方法：在打腿时尽量保持速度要快，并且要保证只用一条腿进行打水。

小贴士

对这个动作的练习可以不在水下。找一块比较柔软的草地，模仿水中动作进行一条腿快速打水动作练习，反复练习，直到掌握要领之后再下水练习。

5. 握拳划臂的练习

练习目的：能够更好地体会手臂划水的感觉，配合身体平衡性。

练习方法：在进行自由泳时，保持手部紧握，然后瞬间张开双手体会划水的感觉。

小贴士

这个动作要在进行自由泳的划水时，克服自身惯性。因为平时的自由泳划水动作中，手掌是伸开的状态，要对这个划水动作进行反复模拟，体会其中的感觉。

6. 手指划水的练习

练习目的:体会用手指划水的感觉,更好地配合其他部位的运动。

练习方法：

（1）要采用比较短的手指进行划水练习。

（2）在第一个动作的基础上，每一次划水都体会其中手指对水产生的感觉。

7. 光板划水的练习

练习目的：在自由泳时更好地体会手掌对水的压力，配合全身运动。

练习方法：

在进行移臂动作时要从水的下方进行。

8. 最大划幅的练习

练习目的：更快地提高划水效果，体会划水的感觉。

练习方法：

（1）在进行划水的动作时，做最大的幅度，直到自己没有力量再做更大的动作。

（2）把注意力集中在划水的幅度上，注意自己是否进行了最大幅度的划水。

（3）这个练习能够使练习者在每一天的练习中看自己游固定距离所用的最少次数。

（4）在第三步的基础上，尽力用同样的划水次数，进行更长距离的自由泳。

9．牵引拉力的练习

练习目的：更好地提高划水的效果和划水的力量。

练习方法：

（1）找一些尼龙绳、医用的橡胶管或者器械类物品。

（2）自由泳练习者带着拉力游泳 25 米或者是 50 米，体会这些物品的正牵引和负牵引。

10．混合型的练习

练习目的：更好地提高自由泳动作协调性。

练习方法：你可以试着把所有手段都混合在每一趟自由泳过程中，慢慢体会其感觉和全身的协调性。

11．拖拽练习

练习目的：为了提高划水的效率和划水的力量。

练习方法：运用一些阻力物，例如，可以用绳子拴住一个水桶等能够带来阻力的东西。自由泳配合或者是划臂 25 米或 50 米，也可以进行距离比较长的练习，例如 800 米或 1500 米。

小贴士

在这个动作的练习中，注意一定要避免受伤。

12．呼吸练习

练习目的：提高练习者对氧气的利用能力和耐乳酸的能力，更好地提高其对头部和身体的控制能力。

练习方法：在划水时，采用 2 次、3 次、4 次、5 次、6 次、7 次等划水次数各呼吸一次，或者是自由泳 25 米，只进行左侧呼吸，也可以自由泳 25 米只采用右侧呼吸。体会这个动作下自由泳的感觉。

13．戴呼吸管的练习

练习目的：为了更好地保持身体的平衡性和控制能力，提高自己控制身体节奏和头部的位置能力，提高对氧气的利用能力和对二氧化碳的忍受力。

练习方法：戴上鼻夹和呼吸管，进行短冲 25 米或者是 50 米。

14．混合型的练习

练习目的：为了更好地提高身体的控制能力、划臂技术和协调性。

练习方法：有下面 4 种方式可供参考：

（1）在划水时抬起头部，进行水下的自由泳，移臂时速度要放慢，

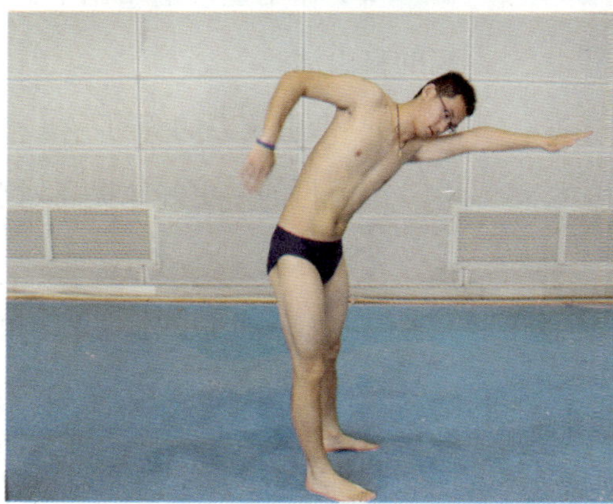

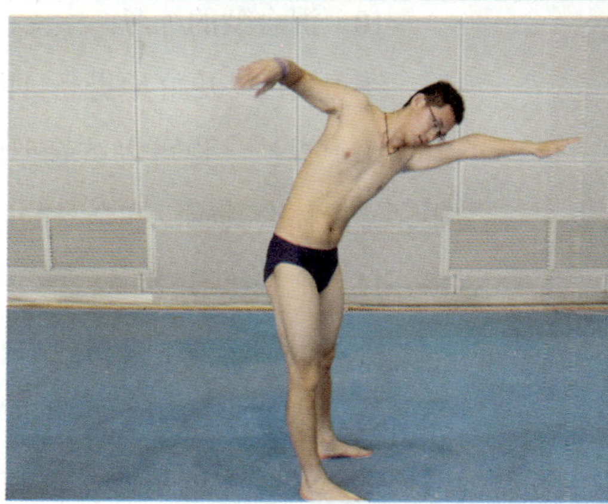

促使身体完整配合。

（2）右手臂向前方伸，左手臂做蛙泳和自由泳的混合型划臂；左手臂向前伸，右手臂做自由泳和蛙泳的混合型划臂；身体完整配合技术。

（3）采用六次打腿技术，用左手臂进行划水。采用六次滚动性打腿技术，用右手臂进行划水，身体完整配合。

（4）两次入水，试着摸另一侧的臀部进行练习。

### ❖ 自由泳身体技术练习配合招式之二

1．蛙自混合划臂练习

练习目的：提高内侧划臂和抱水技术。

练习方法：两个手臂向前方伸，一个手臂做四分之三的蛙泳划臂动作练习，然后再做自由泳划臂动作练习，两个手臂交替练习。

注意在进行划臂的过程中要保持打腿动作不停止，在进行蛙泳的划臂时做呼吸动作。

2．“2+3”划水练习

练习目的：为了提高推水和抱水的技术。

练习方法：

（1）右手臂做两次小型蛙泳划臂练习，然后再做 3 次自由泳划臂练习。

（2）两个手臂进行交替练习。

在练习时，练习者应该把注意力放在推水的速度和抱水阶段上。

3．身体滚动、抱水练习

练习目的：为了提高抱水动作的划动幅度和划水路线，同时也是为了能够更好地掌握身体滚动技术。

练习方法：

一个手臂进行划水时，另一个手臂向前方伸直，然后身体向侧面滚动，并且要尽量使身体保持这个动作。

把注意力放在划水路线、身体滚动、划水速度和划水幅度上面。

4. 单臂划水练习

练习目的：为了提高划水的效果，促进身体平衡。

练习方法：

（1）保持一个手臂位于身体的一侧，另一个手臂做自由泳的划水动作。

（2）把注意力放在划水速度、划水路线、推水速度、抱水和进行高肘移臂上面。

5. 侧身划臂练习

练习目的：更好地体会下划水技术，把推水的速度提高。

练习方法：

（1）练习者的一个手臂向前方伸直，另一个手臂位于身体一侧。

（2）促使自己的身体在水中保持侧着的姿势，一个手臂向前方伸。

（3）向前方伸的手臂做划水动作，保持一直做到接近大腿的部位，并且感觉自己的手臂完全处于伸直状态。

（4）从水下伸直到刚开始的位置，并且进行重复练习。

（5）这个动作可以使练习者把头部深入水中并进行观察，其路线一般是“S”形的。

（6）促使练习者进行抱水动作和加速推水动作以及较长的外划动作。

（7）在做推水动作时进行转头和吸气。

6．“3+3”体侧的自由泳划臂练习

练习目的：更好地体会在自由泳时全身的整体感觉，提高划水时身体的爆发力。

练习方法：对这个动作的练习是在对三次侧身的划臂练习完成之后，接下来对三次自由泳的单臂划水练习，两个手臂进行交换划水动作。

7．单臂划水、滚动练习

练习目的：为了强化呼吸时机，更好地保持头部位置，促使其合理和稳定，以及身体更好地转动。

练习方法：一个手臂位于身体一侧，另一个手臂做划臂动作练习。在进行入水划臂时，要开始身体转动并且要做转头呼吸动作。

8．数字练习方式

练习目的：为了更好地控制身体的平衡性和协调性，保持注意力集中。

练习方法：这个动作是把很多不一样的动作进行组合，并且全部放在一个手臂的划水练习中，不一样的划臂和打腿动作结合在一起的动作练习。

例如：

“3+2”方法：进行三次右手臂的划水，练习两次配合。三次左手臂的划水，两次动作配合。

“3+6+3”方法：三次右手臂划水，六次身体配合，三次左手臂划水。

递减法：一右一左，二右二左，三右三左，二右二左，一右一左。

9．水下的自由泳练习方法

练习目的：为了控制和体会身体的位置，更好地体会手臂进入水中时没有气泡的感觉。

练习方法：

（1）在水下做自由泳动作，还要做自由划臂的动作，在进行空中移臂动作时，要从身体的下面紧贴着身体向前移臂。

（2）要注意手臂加速和划水的动作。

（3）试着在每一次训练准备活动时，用前半程的时间做这个动作，并且要合理规定做动作的时间。

10. 三点触的练习方式

练习目的：为了提高身体的控制能力，更好地保持身体的位置合理。

练习方法：

（1）当一个手臂进行划水时，另一个手臂向前方伸。

（2）当划水的手臂动作结束时，用手部去碰臀部，之后慢慢移动手臂去碰触前面手臂的肘部，最后让手臂由前方向后方进行空中移臂直到移动到腿部。

（3）做一个向前方移动手臂并入水的动作，同时滚动身体。

（4）对这个动作进行反复练习。

11. 鲨鱼鳍式的移臂练习

练习目的：为了完善和提高肘部的移臂技术。

练习方法：在每一次的移臂动作中，当臂部移动到肩膀旁边的时候，保持肘部的稳定状态，就像一个鲨鱼鳍一样，大约保持 3 秒钟，然后做一个入水的动作。要注意在这个过程中腿部一直保持打腿的状态。

12．鸡爪形移臂式练习

练习目的：为了完善和提高肘部的移臂技术。

练习方法：一个手臂向前方伸，另一个手臂向前移臂。注意手掌要紧紧地贴着身体向前方移动。

13．手指拖拽的练习

练习目的：完善和提高手部动作标准，放低手臂的移臂技术。

练习方法：在进行移臂的动作时，用手指去接触水面，促使手掌位于一个比较低的位置。

14．两次入水的练习

练习目的：为了更好地提高手臂入水的技术。

练习方法：

（1）一个手臂向前方伸直，另一个手臂进行划水动作练习。

（2）在第一次即将入水时，你要向后方抬高肘部，之后再进行入水的动作。要把注意力放在手部、腕部、肘部的依次入水的顺序上。

15．慢型移臂的练习

练习目的：为了提高身体的自我控制能力并且完善和提高肘部的移臂动作技术。

练习方法：

（1）要保持较长的划水路线，同时在做移臂的动作时要把速度保持得慢一些。

（2）在进行移臂的动作时要保持肘部的抬高，在这个动作期间要一直保持着身体的侧向，直到肘部移动超过头部。

（3）当手部入水时，身体要向另一面进行比较轻松的转动。

16. 三次划臂、滑行的练习

练习目的：

（1）为了提高动作的爆发力。

（2）更有效地加强身体的滚动动作。

（3）为了能够拥有最好的划水效果。

（4）能够更好地保持身体适当合理的位置。

练习方法：一个手臂向前方伸，另一个手臂做一个三次爆发的划水动作，然后用力进行打腿动作，在你进行第三次划水动作时要使你身体的姿势做一侧滑行。尽可能使身体进行直线的滑行，要记住滑行的距离越远越好，在保持身体的侧滑时，使划水的手臂在你身体的一侧，并且要保持与水面平行。

17. 抬头爬泳的练习

练习目的：增强自身体力，提高手臂划水的效果。

练习方法：首先在进行爬泳的时候要把自己的头部抬起，并且保持下巴在水面，眼睛要注视前方。其次注意保持头部位置的稳定，在进行连续打腿的同时，要注意入水的顺序，依次是手部、腕部、肘部。最后在入水时要做长划水和深抱水的动作。

18. 触摸对侧臀部的练习技巧

练习目的：为了提高划臂技术，并且更好地掌握臀部和肩膀部位的转动能力。

练习方法：在每一次划水时，要用手试着碰触另一侧的臀部。对于这个练习，是可以和六次滚动打腿进行同时练习，也可以和鲨鱼鳍式的移臂同时练习。

## 儿童自由泳练习

1～3 岁的幼儿正处于敏感时期，身体各处器官正处于发展的协调期和肌肉的生长期，所以在这个时候学习自由泳，对幼儿来说是比较容易的。

幼儿学习自由泳，如果条件允许的话，可以专门为他们建造一个浅底的、比较小型的游泳池。水温方面，池内的温度最好能够保持在 32 摄氏度左右，池内水的深度应该在幼儿的腋下，一定不能超过肩部。如果孩子是第一次下水，首先让孩子熟悉一下环境，适应一下水温，然后再进行下一步的练习。对于幼儿的练习主要分为三个阶段：适应阶段、入水阶段、学习自由泳阶段。

### ❖ 池边练习部分

首先要让孩子熟悉水，让其在轻松自由的状态下进行练习。熟悉水性可以通过拍手、拍身、踢水、浇水等形式进行。

拍手：家长要抱着孩子在泳池的边缘，把孩子放在水中，然后逗孩子玩水，用手拍水，或者手对手在水中拍。

拍身：家长抱着孩子在泳池边，用水往孩子的身上浇水，手里捧着水在孩子身上拍等。

踢水：家长抱着孩子坐在泳池的旁边，家长可以用自己的两只手握着孩子的两只脚，把孩子的两只脚放在水中，进行踢水的运动，锻炼孩子的适应性。

浇水：家长和孩子同时在自由泳池的旁边，拿着小型的水壶或者是盒子往孩子的身体上浇水。

## ❖ 体温调节适应阶段

要培养幼儿对水的生理性反应，第一次下水，水的温度应该在32摄氏度左右，家长抱着孩子逐渐进入水中，使孩子慢慢适应水的温度，然后逐渐保持孩子在水中的平衡，同时也要准备一些用具，例如扶板、救生圈以及一些能够吸引孩子的充气玩具。

具体步骤：

1. 用手托住孩子的肩膀和背部，使孩子仰卧在水中，保持其头部在水面。

2. 用手托住孩子的胸部，使其呈仰卧的姿势，让孩子的嘴巴和鼻子露出水面。

3. 让孩子与水面垂直，头部露出水面。

4. 对上面的动作要领交替练习，并且可以保持孩子在不同姿势下，进行向后向前的滑行，并要进行向左向右的移动。

5. 出水以后，要用浴巾把孩子包起来，可以给孩子喝一些加糖的温水。

对上面的动作，进行反复练习，基本每一次自由泳练习3次，通过长时间的练习，会培养孩子对水的感觉，会让孩子逐渐喜欢接触水，培养其水性。

## ❖ 入水阶段的练习

这个阶段主要是能让孩子适应头部短暂性地待在水中，并在水中进行自由呼吸。



具体步骤：

1. 淋洗。让孩子的身体与水面垂直，用他的双手捧水，并且用嘴吸气的时候，使其双手捧着的水从头部浇过去。教导孩子，在进行淋洗的过程中不能闭上眼睛，也不可以用手部去擦脸。

2. 让孩子深深吸一口气，然后闭上眼睛，两个膝盖弯曲，把脸浸入水中大约 10 秒钟。经过大约 4 天的训练之后，让孩子逐渐把头部浸入水中，然后屏气 15 秒。

3. 水下睁眼。使孩子吸一口气，并把头部浸入水中，然后睁开眼睛，慢慢教导其学会在水中看东西，这样可以促使其更快地辨别方向，有助于防止危险的发生。在训练之前，可以在自由泳池中放置一些玩具，这个时候可以锻炼孩子的眼力，让其把池底的玩具捡起来，这样不仅能够锻炼其适应性，还有助于孩子在水中辨别方向。

4. 呼吸。让孩子把下巴深入水里面，并且不断往水里面吹气，然后深深吸一口气，把脸浸入水中，进行长时间的呼气，这个时候水面会出现一些气泡。

5. 最后让孩子深深吸一口气，然后把头部浸入水中，睁开眼睛，尽力进行呼吸，直到把吸入的气全部呼完，然后把头部露出水面。这个练习可以反复训练，进行的次数越多越熟练。

### ❖ 学习自由泳阶段的练习

具体步骤：

1. 家长的两只手拉住孩子的手，在水中前后左右走路，寻找感觉。

2. 让孩子对着自由泳池壁，用两只手扶着，家长在孩子的后面保护，让孩子自己扶着池壁走路。

3. 让孩子背对着池壁，面部朝着家长，与家长之间的距离约为 1 米，自己慢慢行走，家长可以用一些孩子喜欢的玩具，引导

其向前走。

4. 在自由泳池的中间拉一条线，当孩子走到线的旁边时，从底下钻过去，然后继续向前方走。这个动作主要是为了让孩子在钻线的时候能够使其头部深入水中，逐渐培养其适应性。

5. 家长托住孩子颈部的后面，使孩子的身体在水中仰卧，家长帮忙，让孩子在水中滑行。

6. 家长托住孩子的腋窝下方，使孩子的脸露出水面，帮助他进行滑行，滑行的速度要由快到慢。

7. 让孩子俯卧或者是仰卧在水面，两条腿伸直并且并拢。家长用一只手握着孩子的脚后跟，另一只手扶着孩子的胸部或者是背部，让孩子深吸一口气，然后憋气，这个时候，家长握住脚跟的手用力向前方推孩子，另一只手放开，让孩子自己试着在水面做滑行的动作。

8. 让孩子自己站在水中，并深深吸一口气，然后低头，膝盖弯曲，收腿，用两个手臂紧紧抱住两个膝盖，身体蜷缩成一个团，像一个球一样，背部保持向上，逐渐使球状的身体漂浮于水面。当孩子不能再憋气的时候，抬起头，张开双臂，两条腿分别向前方跨一步，在水中站稳。

小贴士

以上是对幼儿练习自由泳的一些动作要领和做法说明，当孩子在水中练习好了这些动作，就说明孩子的水性已经很好了。能够在水中呼吸，并且也可以在水中保持身体平衡，再学习其他的自由泳技巧就很简单了。

## ❖ 儿童学习自由泳的注意事项

1. 在儿童下水之前，必须进行一定的热身运动，进行一些陆地上的徒手体操或者其他的运动。运动的内容应该与孩子的心理和生理特点相适应，尽量活泼，形式要多样。

2. 要对孩子进行较多的鼓励，尽量让孩子单独完成动作，当孩子成功完成一个动作时要尽量鼓励其再做一遍同样的动作，以防忘记，同时能够更好地巩固。

3. 对于那些天生惧水的孩子，一定不能过于急躁，切记不可以将其一瞬间放入水中。家长应该耐心和孩子交谈，多用语言鼓励孩子，帮助孩子克服恐惧感。在刚开始的时候可以让孩子坐在自由泳池的旁边看别人游泳，或者是让孩子自由地在游泳池边玩耍，然后再对其进行练习，这样会有更好的效果。同时对于一些比较调皮的儿童，家长不应该有太多的批评，可以根据情况进行适当的练习，把孩子的注意力吸引到这方面，这样可以加快孩子学习的进度。

4. 在自由泳池边和沐浴室里面一定不要让孩子奔跑，以免摔倒。

5. 儿童练习自由泳的水温应该在 32 摄氏度左右，至少不能低于 30 摄氏度，游泳室内的温度应该不低于 25 摄氏度，以防孩子受不了温度，适应不了练习。

# 冬泳练习



## ❖ 冬泳前的注意事项

1. 要对自己的身体有一个了解，要注意身体的变化，对于那些有潜伏性疾病或者是危险疾病的人要引起高度的警惕。患病和那些身体有不适应症状的人在发病期间应该停止游泳。不要对小病不在乎，即便是感冒也不能游泳。

2. 对于那些患有高血压、心脏病或者是皮肤病的人不可以冬泳。另外，在刚吃过饭或者是空腹的时候也不要去冬泳，酒后也是严禁游泳的。同时在冬泳之后也不要用酒来取暖。

3. 对于女性来说，在月经期间不可以冬泳，最好在月经来临前 2 天就停止冬泳，月经过后的 3 天内最好也不要冬泳。另外，在进行运动时，要降低运动量，等过了这几天再逐渐恢复到之前的运动量。

4. 当情绪不稳定时不可以冬泳，例如当遇到一些具有打击性的事件或者是社会性的应急事件时不可以进行冬泳。例如亲人去世、婚变、车祸、天灾等，因为在那个时候人正处于应激状态，对环境的适应能力差，身体的免疫能力比较低。当两种应激源在一个时间存在时，会导致身体加重应激的反应。如果在这个时候冬泳的话，不仅不利于身体的健康，还会对身体有很大的伤害。

5. 在进行冬泳练习时，一定要有一个固定的时间，提前做好规划，把自由泳的时间固定，例如，安排在中午、下午、上午或者是早上。这样可以让我们的身体更好地适应。

6. 在进行冬泳练习时，要记住，需要从秋天就开始参加，要逐渐过渡到冬天，这样可以使身体有一个较好的过渡性。但是一定不可以三天打鱼两天晒网，要坚持下去才会起作用。

7. 在冬泳之前，应该每年去医院检查一下身体。要切记患有肝、心、脾、肺功能方面的疾病者不可以参加冬泳。

## ❖ 冬泳时的注意事项

1. 首先要做好选择，要选择冬泳的水域或者是游泳池，如果有条件的话最好在游泳池中进行，如果没有条件的话一定要选择好水域。在江河里面或者其他水域里面冬泳时，下水之前要把最容易上岸的终点和容易下水的起点选择好，这样能够很好地预防冬泳中意外事故的发生。

2. 在冬泳之前一定要备好必需品，例如，大毛巾或者是浴巾等。在起水之后快速把身体擦干，并且要及时穿好衣服以防止感冒生病。要把更衣的地方选择在避风处，防止身体中热量的散失。

3. 冬季进行自由泳之前应该做一些准备活动，也就是通常说的热身运动，一般情况下要做到身体发热，但不出汗的程度，等身体真正发热了再下水。在入水之前，要让自己的四肢沾水，然后用冷水把胸部湿润一下，必要的时候还要把下颌弄湿，这样可以更好地适应水的温度并且能够更好地适应水的刺激。

4. 在北方的冬季进行自由泳时，如果是在河中破冰游泳，要选择冰层下面水流速度比较慢的地方。在下水时，不可以猛跳，防止冰破裂刺伤皮肤。在进入水中以后，不可以潜泳，防止游入冰的下方。

5. 在湖泊或者是江河中游泳时，应当选择比较容易下水的地方。一般情况下，在游泳的时候，应该先向逆水的方向游泳，返回的时候要顺水，这样会更加安全。

6. 在入水之前如果体温过高或者是身体出汗时，不可以急于下水，等到体温恢复到正常或者是汗干之后再下水。这样可以保护身体，具有一个循序渐进的过程。



7. 要对冬泳的时间有一个很好的把握，可以根据自己的情况进行选择。可以根据自己的身体状况，或者是水温、气温的变换进行

选择。这样的选择因人而异，要注意自己身体的反应。一般情况下在进行自由泳时身体第一次感觉到冷时，就是让你上岸的信号。当这种情况再次出现的时候就要及时上岸，上岸之后要迅速把身体擦干并穿好衣服，一定要注意保暖。可以喝一些姜汤或者红糖水，有利于身体的保温。

8. 在刚开始冬泳时，人的身体或许会有一定的不适应，可能会出现以下症状，例如，头痛、四肢发麻、皮肤发白、出水后身体颤抖、呼吸困难、反应迟钝、控制力下降、动作不灵敏等。出现这些症状很正常，但是只要你能够坚持下去，等过了一定的时间这些症状就会消失，身体就会恢复到正常的状态。

9. 进行冬泳的人需要根据自身的运动强度、水温以及自己锻炼的水平，把握锻炼的时间。一般情况下是在有第二次的寒冷感觉之前出水。

10. 在冬泳上岸后，应该快速地用比较柔软的毛巾或者是浴巾把身体擦干，注意及时穿上衣服保暖。穿衣服的地方应该选择在能够避风的地方，这样可以减少热量的流失，同时也可以预防受冻。

11. 在冬泳之后，特别是冬泳后的第二天，如果有心率不齐、食欲不振、头部胀痛、恶心、心跳加快等反应时，应该迅速停止游泳，及时去医院进行治疗，等到病情好了或者是恢复到正常的水平了再游泳。

小贴士

准备进行冬泳的人，最好的做法是在秋天或者是夏天就开始练习自由泳，让自己坚持下去直到冬天，这样身体就会循序渐进适应越来越冷的水温。

## 夏季自由泳瘦身练习

### ❖ 夏天进行自由泳健身必读

有的人经常进行自由泳练习，觉得身体变得强壮了，但是体重却居高不下。还有一些人用一些健身宣传的资料来蛊惑人，说自由泳可以使瘦的人变胖，胖的人变瘦。那么到底有没有这种情况呢？等我们对自由泳的相关因素和运动特点了解之后就清楚了。

1. 从自由泳运动的形式上来看，自由泳是属于一个周期性的全身运动。由于这种运动是在水中进行的，所以能量和动作的代谢特点和水的浮力、阻力、温度以及压力有着密切的关系。在进行自由泳时，为了克服水的阻力，我们必须充分运用浮力和反作用力。进

行自由泳时，人一般都是把身体展开，平卧在水中，使躯干、四肢和头部有一个很好的配合，所以就可以使身体中每一个部位的肌肉得到一定的锻炼，并且可以更好地改善身体的协调性。尤其是对于一些腰部和背部力量比较差的人，可以通过自由泳得到明显改善。

2. 因为水具有一定的阻力和压力，在进行自由泳时，人会有吐气、憋气、吸气的过程，这一系列的过程对于提高呼吸系统技能很有效，并且效果很好。

3. 经常进行自由泳的人，肺活量比较大。因为水的浮力在一定程度上把体内器官的重量减轻了，所以说只要动作合理，在进行自由泳时很少会出现受伤的现象。

4. 一些有腰椎间盘病或者是下肢病的人，在进行其他的活动时会感觉到困难，但是在进行自由泳时却会有负担较轻的感觉，主要是水的浮力对其身体有一定的承担，有助于其早日康复。

5. 水温其实是一把双刃剑，从一方面来说可以加大人身体内部能量的消耗，从另一个方面来说又可以减少脂肪。当自由泳池中水的温度比人身体的温度低大约 10 摄氏度时，人在进行自由泳时消耗的不只是运动中必需的能量，还具有水导热时所吸收的热量。这也是人在自由泳之后会食欲大增的原因。

6. 经常进行自由泳练习的人对水的温度具有很强的适应性，他们不容易感冒。当水的温度很明显地低于人身体的温度时，身体为了提高防寒的能力，逐渐调节区域内外的平衡，所以皮下的脂肪会自然增加，脂肪增加的厚度与水的温度是成反比的，与人在水中所停留的时间成反比例。也就是说，当我们在比较低温度的水里面待的时间比较长时，皮下的脂肪会增加得越多，所以很多的自由泳爱好者说自己没有瘦。

小贴士

1. 要想避免皮下脂肪增加的最好方法就是不要在冷水中进行长时间的自由泳。对于一些体质较好的人，可以运用分段加速游泳的方式，也就是说每一次下水时自由泳的时间较短，速度较快，每当游完一段距离时，上岸休息一会。

2. 要注意，第一条中说的那种自由泳的方法并不是比较单纯的有氧运动，因为其对于人体内部的运动器官和心脑血管都有比较大的刺激，所以需要做好准备工作，自由泳的速度要根据自身的情况来定。

3. 由于自由泳之后会食欲大增，所以要掌握好饮食的质和量，需要进行仔细的分析和研究。



4. 自由泳是一项非常好的健身运动，但是要记住任何运动的方式都不可能是万能的。对于一些体重超标者最好不要采取长游的方式，最好是选择一些其他运动进行搭配练习。

### ❖ 自由泳瘦身的3个要点

自由泳对于瘦身的作用主要在于其可以加大身体内部能量的消耗，特别是对于脂肪有很大的消耗作用。因为人体的温度比水的温度高，而水的散热性又比较强，所以说自由泳是一种比较典型的有氧运动。

同时，要对自由泳运动时期的饮食等进行适当的安排和配合。

1. 有氧类型的瘦身运动，可以让脂肪不断地燃烧，其强度不大，但是时间长了才有利于促进减肥。例如，2000 米左右，最好是一周练习 4 天左右，每一次练习半小时到一小时。时间长短的选择可以根据运动的强度，这样才会有效果。

2. 对饮食进行控制。主要是指要选择吃的食物而不是不吃东西，不可以让自己饿着肚子，要选择一些具有较高营养价值而热量较低的食物，如要多吃含有复合性碳水化合物的和纤维高的米、水果、面等，要尽量少吃含有大量糖分和脂肪的食物，如蛋糕、油炸食品、牛奶等。

3. 行为的改变。要改变饮食的方式，例如，可以不吃夜宵，吃东西的速度要减慢等。还要养成运动的习惯，当你养成一个运动的习惯时，就会很有利于身体内部棕色脂肪等细胞的活跃，促使身体的新陈代谢加速，这样就不容易增胖。还要多走路，可以走过去的就尽量不要坐车，可以爬楼梯的就尽量不要坐电梯。多吃一些需要破皮或者是破壳的东西，让吃东西的速度变慢，或者是把冰箱中高热量的东西清除掉等。

小贴士

1. 自由泳可以在很大的程度上促进身体内部高热量的消耗，促使身体中含有的成分更加合理。

2. 自由泳具有使腰部灵活、修身、陶冶情操、塑形、肌肤补水、健身、美容等一系列的功效，但是要注意选对时间和力度。

3. 自由泳不仅有外在的健身美，也具有内在的美。外在和内在相互结合可以锻炼出美丽的身材，还能够促进身体的健康，是融瘦身和娱乐为一体的运动项目。所以要尽量养成自由泳的良好习惯。

第五章

# 自由泳健身功效

## 自由泳健身

在夏天，很多时尚的人喜欢在水中进行自由自在的有氧的遨游，这种自由泳健身是一种比较新型的运动方法。

一说起水中健身，很多人总是会想起游泳，但是水中的健身操其实与纯粹的游泳有很大的差别。自由泳是一个属于全身性的运动，经常锻炼对人体有很大的好处，但是它对练习者有很高的水性要求，所以对于一些水性较差或者是不识水性的人来说，只会望水兴叹。水中健身是一种比较新型的健身项目，因为它把各种不同节奏的身体运动结合起来配上精美的舞蹈步伐，不仅有水中的运动练习，还有陆地上的练习，把多种风格进行统一和融合。

另外，当人在水中时，其身体的散热率是陆地上的 6 倍。在水中的健身操大多数情况下是在深 1 米多，不超过 1.5 米的水中进行，所以即使你不会自由泳也没有太大的关系，不用害怕。水中健身有水中慢跑、水中行走、水中身体伸展等。当我们在陆地上做运动时或许会感觉到很累，但是在水中的话感觉身体很轻很舒服，并且水还可以使皮肤变得光滑细腻。

女子水中的健身操，每一堂课大约的运动时间是 70 分钟，每一堂课中训练的内容一般分为 6 个部分。

具体形式：

1. 陆上协调的舞姿

形式：主要是以我们身体每一个部位的准备性运动为基础，再加上简单的舞蹈动作。

目的：为了锻炼全身的配合能力，对小脑进行开发，同时把身体不良的姿势进行纠正，在下水之前进行热身运动。

2. 池边垫上操的练习

形式：水陆相结合的运动，主要是为了锻炼身体的背部、腰部、下腹、上腹部的肌肉。

目的：为了减去身体多余的赘肉，拥有动人的曲线。

3. 水中的有氧操练习

形式：在水中配合着音乐的节奏进行跳、跑、走等节奏比较快的运动，是一种充满动感活力的水中健身有氧操。

目的：主要是利用水的浮力、阻力、传热性对身体的各个部位进行耗氧的运动，把身体各部分的热量进行分解，促进身体健康。

4. 水中的形体塑造练习

形式：依据每一个人的身体特点，对身体各个部位进行训练。

目的：对水的独特性进行充分运用，并且对全身的肌肉进行磨合加压，更有效地塑造良好的身材，使身体各个部位的线条有更好的流线感。

5. 基础的自由泳训练课

形式：当水中的形体锻炼结束以后，开始进入自由泳的基础性训练，依据练习者的体质状况进行比较基础性的步骤锻炼。

目的：通过基础性的动作教授，不单是为了教会练习者学习基本的自由泳技巧，更多的是使练习者的心率恢复到正常的水平。

6. 水中肢体伸展操的练习

形式：在就要结束整体的训练之前，利用你比较优美的身体姿势在水中进行全身的伸展运动。

目的：把身体的肌肉和韧性充分拉长，使身体放松。这个训练

可以解除精神和肢体的疲劳，提高睡眠质量。

运动的点评：

水中的健身运动可以很好地利用水的浮力和阻力特点，对人身体的肌肉和韧性以及优美的线条进行锻炼，不仅可以锻炼人的耐力，还可以锻炼身体的力量，完善皮肤的润滑性。通过浮力的作用可以使人增加肌肉的承受力，减少运动时的消耗。

另外，水的浮力可以促进身体比较肥胖的人在运动时感到更加放松，可以克服在陆地上运动的缺点，例如陆地上运动容易疲劳、乏力等，在水中就没有这些感觉。所以说水中的健身运动最适合肥胖人士。

人在水中时，当水的高度达到人身体的胸部时，也就是水与人的胸部同高时，水的浮力能够达到人体体重的90%左右，所以说水中健身与陆地的健身运动相比较来说，水中的健身运动对人体骨骼、关节和肌肉产生更少的压力，同时水的浮力也可以减轻身体各个关节的冲击力，更好地保护人体的关节，不容易使关节受伤。同时水中的健身训练可以提高身体的柔韧性，通过水的阻力作用，身体的关节活动会更加灵活。

在水中进行练习，一般情况下是不会出汗的，这就减少了我们在陆地上训练时汗液中盐分的刺激性。同时，水对人体的皮肤具有很大的好处，长时间在水中进行自由泳的健身练习，不仅可以提高水对身体血管的流动性循环功能，还有利于身体的新陈代谢。另外，水流、拍打、摩擦等作用可以为身体进行很好的按摩，减少皮肤老化和松弛，可以保持皮肤的润滑、光洁并富有弹性。

水的去热效果很好，一般情况下水的温度在27～30摄氏度，对人的身体很适应。

小贴士

1. 在水中练习之前要对身体进行检查，要对过去的疾病和损伤情况加以注意，同时也注意药物的服用情况，量力而行。

2. 注意不可以一个人在水中进行练习，会自由泳的人也同样要注意。练习时身边最好有人，或者是和自己的好朋友一起练习。

3. 在进水前，要了解水的深度，水太深了对健康不利，太浅了在运动中容易受到伤害。

4. 发烧者、体温过低者、孕妇、身体有损伤者，例如身体拉伤、崴脚等，最好不要进行水中健身运动。在进入水中运动之前要做热身锻炼，一般 5 分钟即可，可以先让身体各部分的肌肉进行一定的预热，之后再下水就不容易损伤。

5. 为了使健身运动更有效，要注意饮食合理：练习要在饭后一小时，还要注意，运动之后不要立即吃饭，运动结束一小时之后才可以吃饭。同时喝水也要注意，当你在水中进行健身练习时，可以喝水，但是一定不要喝过量的水。



## 健身常识

在进行自由泳的练习时难免会出现一些困难，下面我们来介绍一些问题解决的办法。

### ❖ 抽筋



在进行自由泳的练习时，如果水温太低、心理紧张或者在水中停留的时间过长都很可能会出现抽筋的现象。所以在下水之前一定要做相应的准备活动，不可以在水中停留时间过长。当出现抽筋现

象时，不要慌乱。

方法：

如果脚趾抽筋的话，可以迅速将腿弯曲，用手把脚趾拉开，并用力扳直。如果是小腿抽筋的话，可以先吸一口气，然后仰卧在水面，手部用力扳住脚趾，促使小腿向前方伸，使收缩的腿部肌肉得到松弛和伸展。同时要把手握成拳头状，然后迅速用力张开，进行反复的练习就可以迅速解决抽筋问题。

### ❖ 恶心呕吐

方法：

当你在水中鼻子进水或者呛水的时候就会产生恶心和呕吐。这个时候你要迅速地停止自由泳并上岸，然后用手指压内关穴、中脘穴。如果你有仁丹，这个时候要放入嘴里一粒，含着，可以预防肠炎，同时还可以吃蒜，也有好处。

### ❖ 皮肤发痒并且出疹

方法：

这个症状主要是由于皮肤在水中过敏引起的。当遇见这种情况时，要迅速停止自由泳并上岸，含一片扑尔敏或者息斯敏在口中，稍后就可以恢复。

### ❖ 头痛

方法：

出现头痛的现象很可能是身体寒冷、呛水、慢性鼻炎、暂时的脑血管产生痉挛而造成供血量不足而导致的。当出现这种情况时，要迅速停止自由泳并上岸，用大拇指在头顶上太阳穴、百会穴、列

缺穴进行按摩，之后用热毛巾敷在头部，喝下一杯开水，不久之后便可以好转。

### ❖ 腹痛阻胀

方法：

这种情况主要是在刚吃完饭或者空腹的时候进行自由泳时出现的。当出现这种情况的时候，要迅速上岸，在岸边仰卧并且要用拇指尖压着上脘、中脘或者足三里，用较热的毛巾敷在腹部。

### ❖ 耳痛耳鸣

方法：

这个现象很可能是由于耳朵不小心进水或者鼻子呛水造成的。最有效的方法是：

1. 迅速出水上岸，将头向着耳朵进水的一面歪，并且用力拉着耳垂，之后用力进行单足跳，重复跳跃。

2. 用手心对着耳朵，对准耳道，然后用手把耳朵压紧并且堵严。如果是左边耳朵进水了就要向着左边歪，然后手快速离开，这时水就会被吸出来。如果是右边的耳朵进水了，就把头向右边歪，和左边的动作一样。

3. 准备一些消毒用的棉签，可以把棉签深入耳朵里面，把水吸出来。

自由泳保护耳朵的 4 点注意事项：

自由泳之后要迅速地把耳朵中的水拍出来，否则对耳朵不利。在排水时，可以把头部向着积水的一面歪，歪的同时要用手对头部进行轻轻的拍打，这样就更容易把水拍出来。

1. 在进行自由泳之前，要进行身体的检查。当耳道中有脏物时要取出来，避免引起耳朵的疼痛或者是发炎。那些患有耳朵炎症的人，例如鼓膜上有穿孔，就很容易使脏水进入耳朵，使耳朵的炎症更重。所以，那些患有耳朵疾病的人，需要经过医生的批准才可以进行自由泳。

2. 在进行自由泳时用一些蘸有凡士林的棉签塞在耳道里面，这样可以对耳朵起到保护作用。

3. 在进行自由泳之后，要及时把耳朵中的脏水排除干净。在进行排水的时候，如果耳朵发痒，可以用 75% 左右的含酒精棉签轻轻擦洗外耳道，注意一定不可以用手指挖耳朵。如果感觉到耳朵里面疼痛，这时候要及时去医院进行检查和救治。

4. 跳水时，要注意跳水姿势的正确性，不要让耳朵与水直接接触，防止发生意外导致鼓膜损伤。

### ❖ 头昏脑涨

方法：

出现这种现象的主要原因是，自由泳的时间过长，导致血液向下肢聚集，促使大脑缺血，身体的能量消耗过大，导致疲劳。出现这种现象时要立即上岸，并且进行全身的保温，休息，必要的时候还要喝一些盐水。过一段时间即可以恢复。

### ❖ 眼睛痒痛

方法：

出现这种状况，可能是因为进行自由泳的水比较脏造成的。要迅速上岸，然后立刻用一些比较干净清淡的盐水对眼部进行清理，

之后点一些红霉素或者是氯霉素眼膏，晚上睡觉之前最好对眼部进行热敷。

## 高效健身“全攻略”

自由泳是很多人喜欢的一项夏季健身运动项目，但是你真的了解自由泳吗？自由泳中不同的姿势对哪些不同的部位有功效？进行健身运动时应该注意哪些问题？或许还有很多地方是你不了解的，下面让我们来共同了解一下自由泳健身。

### ❖ 自由泳可以锻炼全身力量

很多人在进行自由泳时都会有一个感受：没有怎么开始练习，就感觉身体不舒服，不仅腰酸背疼，还感觉到全身疲惫。这主要是由于我们身体的力量不到位而引起的。自由泳是一个全身肌肉进行协调的运动，同时也是一个比较消耗体力的运动。

在进行自由泳练习时，需要胸部、手臂、臀部、腹部、腿部、关节同时用力，因为只有我们把这些部位的柔韧性和力量练习好了，才可以更好地进行自由泳。所以想要游得更快而且不费力，一定要对这些部位多锻炼，最好分解练习。

首先要锻炼手臂、腿部、腰部和腹部的力量，对于这些力量的锻炼有很多种方法，下面是一些比较容易学习的锻炼。

手臂力量的锻炼：俯卧撑是一个比较好的锻炼手臂力量方法，要保证每一天坚持做 30 个左右。同样的效果举哑铃也可以，如果你家里面没有哑铃的话，就用一些喝完饮料的瓶子，把里面全部装成沙子，每一个瓶子的重量在 5 磅左右。

腰部和腹部的力量练习：做仰卧起坐是对腰部和腹部力量最好

的锻炼方式，不需要任何工具就可以随时随地做。

腿部力量的锻炼：进行蛙跳、弓步蹲以及原地纵跳都是对腿部力量锻炼的有效方法。

### ❖ 不同的泳姿可以锻炼身体的不同部位

蛙泳，可以更好地锻炼腿部的力量。因为仰泳或者是自由泳一般都是腿部进行上下的划水和鞭打，而蛙泳是蹬和夹。仰泳和自由泳可以更好地锻炼腿部的瘦长，但是蛙泳却是要用到腿部的股四头肌，可以更好地增强腿部的力量。

蝶泳，可以更好地锻炼胸部的力量。在进行蝶泳的练习时，手臂的动作是向内部划，就好像是在做一种扩胸运动，对背扩肌、胸大肌、腹直肌锻炼得比较多，练习的效果是非常好的。

自由泳，可以更好地锻炼臂部的力量。在进行自由泳时，手臂上的肱三头肌以及肱二头肌用力比较多，所以可以更好地练习手臂部位的力量，同时也可以提高肩部的肌肉力量，有很大的推动力，所以对手臂的练习具有很好的作用。

仰泳，可以更好地锻炼背部的力量。在进行仰泳练习时，会更多地运用到背扩肌，这样可以使背部的肌肉进行更好的舒展，有利于其扩张。另外，仰泳在滑行时需要提臀，所以仰泳对臀部也有很好的锻炼。

通过以上部位的锻炼可以更多地了解每一项运动对身体每一个部位的锻炼效果。所以，你可以尽情地选择自己喜欢的游泳姿态，并且要着重对身体某一个部位进行力量加强的锻炼，同时也可以迅速提高游泳速度。

另外，在各项游泳中都需要做拉伸运动，所以拉伸运动不单单是比较好的热身运动，也是进行游泳之后最好的放松运动。

小贴士

拉伸运动是每一个游泳方式中都要用到的，所以不要小看了这个动作，对其进行练习，可以让你避免抽筋、肌肉损伤、拉伤，还可以使你全身的肌肉处于松弛状态，是很好的放松方式。另外在其他的运动中，同样拉伸运动很实用。

除了进行自由泳，在泳池中还有一些其他的锻炼方法，那么，下面我们一起来看两种锻炼的方法：

拉伸腿部的肌肉。保持坐立的姿势，两只脚的脚底相互靠近，使膝盖向外部撑，并且要尽力促使其靠近地面，两只手要抓住两个脚踝。然后保持这个姿势大约 10 秒钟，保持身体放松。对这个动作重复练习，

做 3 次以上。

把肩膀周围的肌肉进行拉伸。使一个手臂向上方伸并且处于伸直的状态，然后前面的手臂向脑后方弯曲，保持身体的放松，然后用另外的一个手臂从脑后面抓住肘部，并且向对侧的方向逐渐拉动，这个动作保持 15 秒钟。

第六章

# 世界自由泳名将

## 孙杨

孙杨成长在一个体育世家，他的老家在安徽寿县孙厂村。孙杨的父亲曾经在淮南工作，曾是安徽省男子排球队的队员，之后去学校读书，1989年从上海体育学院毕业，之后到浙江科技学院担任体育部门主任，之后被评为教授。孙杨的母亲曾经是一位排球爱好者。由于父母都喜欢体育，孙杨从小就有运动天赋。

孙杨出生于1991年，虽然年龄不大，但是个子却很高，一米九八的个子在国家自由泳队中算是很高的。据孙杨的母亲说，小时候孙杨被选进自由泳队主要就是因为他的个子比其他孩子的个子高。孙杨在读幼儿园的时候，一位自由泳教练去幼儿园选自由泳苗子，当时教练就说，孙杨这孩子在幼儿园睡觉床都不够长了。就这样孙杨被选到体育学校开始了集体训练，从此走上了自由泳的道路。个子比较高的小孙杨在自由泳队员中很显眼，在省里举办运动会时，个子已经到一米九二了。仅仅过了一年，孙杨就长到了一米九八，在和自己同岁的运动员中，孙杨个子算是最高了。“个子这么高，只要他可以好好练习一下出发技术和转身技术，成绩就会提高，还可以继续挖掘潜力。”教练朱志根说。

作为中长距离男子自由泳的后起之秀，孙杨在2009年曾取得历史性的突破，自8月取得第十三届世界自由泳比赛第三名之后，他又向中国自由泳冠军张琳发起了全面挑战，在400米男子自由泳和200米男子自由泳比赛失利的情况下，他没有放弃，也没有气馁，在1500米自由泳项目中发挥顽强的作风，最终以实力战胜了对手，成为真真正正的男子自由泳长距离冠军。他曾经被国内游泳界，甚至是国际自由泳联合会评为中国泳坛的“未来之星”。

进步神速的孙杨：

孙杨初成名是在2006年的省级运动会上；在2007年锦标赛上，他以自己的实力战胜了张琳，成为1500米自由泳冠军；在城运会上，孙杨再次展示自己在自由泳中长距离比赛的实力。在进行1500米自由泳决赛之前，他很自信地说："拿到金牌没有问题。"这种自信心在很大程度上取决于他本身的实力。在1500米自由泳决赛中，南京自由泳运动员祖立军和孙杨在前1400米并驾齐驱，但是在终点前的100米内，孙杨爆发出了巨大的冲击力，很快把对手甩在身后，没有一点悬念地取得了冠军。虽然与世界自由泳冠军的成绩还有一段差距，但是在一年之前，孙杨的成绩却是16分多，仅仅用了1年的时间，他的成绩就提高了将近1分钟，400米自由泳的成绩也提升了3秒多。教练朱志根说："自由泳比赛中胜负很有可能由小数点后的数字决定，虽然是几秒钟的进步，也足够用'飞跃'这两个字来表达了。"

孙杨近年取得的主要成绩：

2009年，在罗马举办的世界锦标赛中获得1500米铜牌。

2010年，在广州举办的亚运会中取得200米男子自由泳银牌、自由泳接力比赛金牌、400米男子自由泳金牌、1500米男子自由泳金牌。

2011年，在上海举办的世界锦标赛中取得400米男子自由泳银牌、800米男子自由泳金牌、自由泳接力比赛铜牌、1500米男子自由泳金牌。

2012年，在伦敦举办的奥运会中取得400米男子金牌、200米男子自由泳银牌、自由泳接力赛铜牌、1500米男子自由泳金牌。

## 菲尔普斯

菲尔普斯是美国罕见的自由泳奇才，曾经获得18次奥运会冠军，在雅典奥运会之前，已经有一些人称他为世界上最伟大的自由泳运动员。在美国2004年的选拔赛中，他获得了参加雅典奥运会比赛单人项目的资格，在奥运会中获得6枚金牌和2枚铜牌。在2008年北京奥运会上，菲尔普斯取得8枚金牌。在2011年取得上海自由泳锦标赛200米冠军。在2012年获得伦敦奥运会100米蝶泳和200米混合泳比赛金牌、200米自由泳银牌，并且他带领着美国游泳队取得4×200米男子自由泳接力赛金牌。

出道之前的菲尔普斯：

菲尔普斯出生在1985年，其父亲也是一名比较优秀的体育运动员，通过教导，把自己的才能传授给了菲尔普斯。虽然在一开始的时候，菲尔普斯非常犹豫，但还是跟随自己的姐姐进入了泳池。教练感觉到了菲尔普斯的恐惧，所以先让他在水面躺着，顺水四处漂浮，所以，菲尔普斯最先学会的是仰泳。

教练对菲尔普斯的母亲说，菲尔普斯是比较罕见的自由泳天才，依靠他自己大大的手脚和修长的四肢能够很快把握动作要领，并且还能适应艰苦训练，从来没有在比赛中感到过紧张。很多人都说菲尔普斯一生下来就有自由泳的天性。他的大脚和大手，就好像是在水中漂浮的船桨。实际上菲尔普斯唯一不好的地方就是他长得太快了，这个“短处”曾经让他在一段时间内感觉到疲劳。在美国1999年举办的青少年运动会上，14岁的菲尔普斯打破了20岁运动员的纪录。在15岁的时候，他成为美国68年来最为年轻的自由泳选手。在西班牙举办的游泳锦标赛中，他成为世界泳坛讨论的中心。并且以自己杰出的表现获得 6 枚金牌。

在 2000 年，菲尔普斯 15 岁的时候，第一次在悉尼奥运会上亮相，虽然刚开始的时候他没有取得奖牌，但是在之后的世界锦标赛中，他打破世界纪录夺得金牌，同时也成为最年轻的打破自由泳世界纪录的人。在 2003 年，他在巴塞罗那举办的锦标赛中 5 次打破世界纪录，站在了最高领奖台上，从此创造了又一个纪录。凭借自己优异的成绩，菲尔普斯被评为世界最佳自由泳男子运动员。在 2007 年墨尔本举办的世界锦标赛上，菲尔普斯获取 7 枚金牌，打破了个人单届比赛获得 6 枚金牌的纪录，并且还打破了 5 项世界纪录。到 2007 年为止，他已经在世界自由泳锦标赛中取得了 20 枚金牌。

## 索普

索普是澳大利亚人，于 1982 年在悉尼出生，不到 5 岁就开始进行游泳练习，14 岁进入游泳队，在 1996 年举办的全国性游泳比赛中获得 5 枚金牌，随后就引起了澳大利亚人民的关注。在 1997 年，索普入选澳大利亚国家游泳队，15 岁便在世界游泳锦标赛中取得冠军，成为男子组最年轻的自由泳冠军。

索普说自己取得这样的成就，一部分归功于家人的支持，还有一部分归功于教练的辛苦指导。在 1998 年举办的世界游泳锦标赛中，索普取得 400 米男子冠军，从此受到关注，但是他没有因此骄傲，而是把澳大利亚比较著名的游泳运动员柏金斯、美国著名的篮球运动员乔丹、美国著名人物刘易斯当作心中的偶像，并始终保持一颗奋斗的心。

在 1998 年取得冠军的时候，索普就已经成为很多人的偶像，并得到很多人的赞赏，一些游泳专业人士那时就说他潜能巨大。在获得 400 米男子自由泳比赛冠军之后，到第二天他又和自己的队友合作，并且取得 4×200 米自由泳接力的冠军。虽然在取得世界锦标赛冠军的时候只有 15 岁，但是游泳协会的队员并没有感到惊讶，因为他们每天都能看到索普的成绩在稳步上升。索普跟随格兰特·哈科特参加了世界游泳锦标赛的选拔赛，在这次比赛中，他取得了亚军，得到了锦标赛参赛的机会，并且取得了成功。

自从 15 岁进入国家游泳队，从 1999 年到 2002 年，他打破的世界游泳纪录共有 13 项，成为世界著名的游泳明星。他说："那时候我还是一个孩子，就进入了国际游泳舞台，虽然也取得了很多项目的成功，并且自己也达到了一定高度，但是，我也和其他人一样，也会遇到挫折，所以我不得不去美国洛杉矶，以便更好地缓解精神。"在美国进行游泳训练的日子里，他了解了很多关于身体健康的问题，并且也从此开始思考自己的职业和人生。他说："我喜欢游泳，但是我没有办法让我在游泳之外的时间过得更快乐，所以，我认为我一定要首先考虑一些其他的事情。"

索普在 24 岁的时候决定退役，在参加比赛期间曾经获得 5 枚金牌。在新闻发布会上，他说，虽然这个决定对于他来说非常艰难，但是他一定要结束这个生涯，因为，精神上和身体上的双重压力使他不能专心进行比赛和训练。他感觉自己目前所做出的决定是正确的，并且自己也感到很高兴。在整个新闻发布会中，索普一直都保持着微笑，只有当他为家人的支持而感谢时，才显得声音有些颤抖。

**图书在版编目（CIP）数据**

自由泳 / 潘惠玲编著. -- 长春 : 吉林文史出版社, 2014.1（2023.6重印）

ISBN 978-7-5472-1923-2

Ⅰ. ①自… Ⅱ. ①潘… Ⅲ. ①自由泳－基本知识 Ⅳ. ①G861.11

中国版本图书馆CIP数据核字(2014)第010612号

自由泳

ZIYOUYONG

出版人 张 强

主 编 南来寒

编 著 潘惠玲

责任编辑 王 新

封面设计 袁 野

出版发行 吉林文史出版社

地 址 长春市福祉大路5788号

网 址 www.jlws.com.cn

开 本 720mm×1000mm 1/16

印 张 12

字 数 100千

印 刷 天津市天玺印务有限公司

版 次 2015年5月第1版 2023年6月第5次印刷

书 号 ISBN 978-7-5472-1923-2

定 价 59.80元